제발 그곳은
건너지 마라

제발 그곳은 건너지 마라

지은이 | 최　식
발행인 | 최　식

2015년 4월 30일 1판 1쇄 발행
2022년 6월 30일 2판 1쇄 발행

발행처 | 도서출판 CPS
등　록 | No. 112-90-27429
등　록 | 경기도 남양주시 다산중앙로82번길 48
전　화 | 031)558-1025~6
팩　스 | 031)574-1027
홈페이지 www.cpsbook.co.kr

ISBN 979-11-88482-14-6 (03230)
값 20,000원

ⓒ 판권 저자 소유
이 책은 일부분이라도 저자의 허락 없이는 무단복제 할 수 없습니다.

CPS 관점설교 시리즈 4

제발 그곳은 건너지 마라

최 식 지음

부자와 나사로, 사마리아 여인 이야기로 전하는 전도설교

> 추천의 글

사막의 오아시스와 같은…

이 책은 "관점설교"로 박사학위를 받고 이러한 관점으로 하나님의 말씀을 증거하는 최식 목사님(복음대, 실천신학교수)의 전도부흥 설교이다.

설교란 무엇이며, 설교자는 누구인가?
신약 성경에서 설교의 사역은 예수 그리스도의 일생과 가르침, 즉 탄생과 고난과 부활과 승천과 재림을 선포하는 것이 주안점이었다. 그리고 그리스도의 말씀을 따라 그 삶의 변화가 어떠해야 한다는 것을 집중적으로 가르치는데 전심전력을 다하였다.

칼빈은 설교자란 "하나님의 장중에만 존재하고 그분의 주관하에 있는 실존"(칼빈주석 마태 13:37)으로 정의하고 있다. 이번에 최식 목사님은 이러한 신앙 철학을 가지고 26년이 넘도록 목회자로서 강단을 지키며, 부흥사로서 전국 교회를 순회하면서 하나님의 말씀을 전하는 가운데 현장에서 놀라운 변화와 회개의 역사를 경험했던 누가복음의 부자와 나사로 설교를 한 권의 책으로 펴내게 되었다.

설교는 쉬우면서도 경박하지 않고, 청중들에게 들려져야 하고, 반드시 예수 그리스도 중심이어야 하는데, 이 책은 이 모든 요소를 다 포함하고 있기 때문에 아주 특별하고 신선하다.
찾을 수 있는 보석들은 아주 많지만 몇 가지만 나열 해본다.

첫째, 산뜻한 제목과 내용의 명쾌한 연결성이다.

예를 들면, '그 문을 열면…', '그대 품에 영원히', '이름', '그곳은 보고 싶지 않아요', '부르고 또 불러도', '지우려지우려 해도', '건널 수 없는 다리', '제발 부탁합니다'와 같은 함축성 있는 제목들이다.

둘째, 죽음과 그 이후의 진지한 문제를 다루면서도 귀납법적으로 접근하기에 한시도 글에서 눈을 뗄 수 없을 뿐만 아니라 시기적절한 예화(히말라야에 사는 할단 새 이야기)도 적소에 배치되어 있다.

셋째, 윤리적 설교가 많은 이 시대에 매 설교의 끝 부분에 생명이신 예수 그리스도를 정확하게 소개함으로, 회개하고, 예수를 믿도록 결단을 촉구하고 있다.

이 설교집을 접하고 재미가 있어 한 자리에서 끝까지 읽었고, 열심히 읽는 동안 마음에 반짝 빛나는 여러 편의 설교 아이디어도 함께 떠올라 저 역시 주일 낮 설교로 부자와 나사로를 설교하였다.

이만큼 역동성을 주는 책은 근래에 보기 드물다. 왜냐하면, 신학생들과 목회자와 성도들에게 심령 부흥을 일으켜주며 메마른 사막 인생 길을 걸어가는 모든 자들에게 오아시스와 같은 책이기 때문이다. 말씀과 씨름하며, 기도 중에 펴낸 귀한 책이기에 많은 분들에게 일독을 권하며 추천하는 바이다.

2015년 4월 22일
에반겔리아대학교 대학원장
원차희 박사

프롤로그

전도설교를 나누며

설교자에게 가장 중요한 사명은 복음을 전하는 일입니다. 설교자 나름대로 복음을 전한다는 사명과 자부심으로 강단에서 말씀을 선포하지만 복음이 없는 설교를 외치는 설교자들도 적지 않습니다.

설교자는 희망의 사람이고 행복을 주는 사람입니다.
설교자의 입에서 선포되는 복음이 지옥의 문은 닫고 천국의 문을 여는 권세가 있기 때문입니다. 이런 설교자의 권세는 오직 복음, 예수그리스도의 십자가와 부활을 전할 때만 나타납니다.

〈제발 그곳을 건너지 마라〉 초판은 예수님께서 선포하신 누가복음 16장 부자와 나사로를 중심으로 천국과 지옥의 실상을 8편의 관점설교로 담았는데, 이번에 일부 수정 보완했습니다. 왜 복음을 전해야 하는지를 천국과 지옥에 있는 인물 중심으로 전개하며 분명한 복음 제시와 청중적용을 통해 결단과 행동으로 이어지도록 제시했습니다.

이번 개정판에서는 복음을 듣고 어떻게 전할 것인지 고민하는 청중들을 위해서 요한복음 4장의 수가성 여인을 중심으로 실제적인 전도 방법을 8편의 설교로 추가했습니다. 요 4장에 나타난 전도 방법은 이론이 아닙니다. 예수님께 직접 보여주신 실제적인 전도방법입니다. 이 방법대로 실천한다면 수가성 여인처럼 확실한 결실과 이후 결단한 청중들을 통하여 풍성한 전도 열매가 나타납니다.

시대적인 재앙으로 복음의 외침이 점점 사라지는 이 시점에 전도는 설교자와 교회 그리고 이 시대를 살리는 대안입니다. 관점설교는 설교자가 무엇을 전해야 하는지를 분명하게 제시하고 청중들은 어떻게 살아야 할 것인지를 하나님의 음성으로 듣게 되는 확실한 결과가 있습니다.

이 시대 모든 설교자들이 행복하기를 소망합니다.

2022년 6월
CPS 관점설교학교
최 식 목사

CONTENTS

추천의 글

프롤로그

전도설교 PART 1
-부자와 나사로 이야기(누가복음 16장)

01 그 문을 열면 13
02 영원한 이름 23
03 그대 품에 영원히 30
04 그곳은 보고 싶지 않아요! 38
05 부르고 또 불러도 48
06 지우려 지우려 해도 60
07 건널 수 없는 다리 68
08 제발 부탁입니다! 79
09 초청주일설교/나도 행복할 수 있습니다 93

전도설교 PART 2
-사마리아 여인 이야기(요한복음 4장)

01 만나서 반갑습니다   103
02 너를 놓치기 싫어   110
03 나 좀 도와주세요   118
04 함께하고 싶어요   125
05 손에 손 잡고   133
06 최고의 선물   139
07 물동이를 버려두고   146
08 배고프신 예수님   154
09 나를 위한 비밀창고   161

제발, 그곳은 건너지 마라

이르되 그러면 아버지여 구하노니 나사로를 내 아버지의 집에 보내소서 내 형제 다섯이 있으니 그들에게 증언하게 하여 그들로 이 고통 받는 곳에 오지 않게 하소서…이르되 모세와 선지자들에게 듣지 아니하면 비록 죽은 자 가운데서 살아나는 자가 있을지라도 권함을 받지 아니하리라 하였다 하시니라(누가복음 27-28, 31)

전도설교
PART 1

부자와 나사로 이야기
(누가복음 16장)

01 그 문을 열면

02 영원한 이름

03 그대 품에 영원히

04 그곳은 보고 싶지 않아요!

05 부르고 또 불러도…

06 지우려 지우려 해도…

07 건널 수 없는 다리

08 제발 부탁입니다!

09 초청주일설교
　/나도 행복할 수 있습니다

> 교회의 사명은 복음을 전하는 일입니다.
> 교회는 예수 천당, 불신 지옥의 복음을 전하는 곳입니다. 그러기에 교회는 끊임없이 전도자를 세워야 하고 세상 속으로 보내어 복음을 전하도록 해야 합니다. 하나님은 지옥 가는 백성들이 아무리 안타깝고 불쌍해도 교회와 전도자들을 세워 "전도"라는 미련한 방법을 통해서 지옥 가는 길을 막으시고 천국으로 인도하십니다.
>
> 만일 하나님께서 이 방법을 무시하고 천국에 있는 자들을 다시 이 땅에 보내어 복음을 전하게 한다면 교회는 사명을 잃어버리게 되고 결국은 교회도 무너지게 됩니다.
>
> 그래서 나사로를 보내지 않아도 하나님이 세운 전도자들을 통해서 부자의 형제들에게 가서 복음을 전하게 하셨습니다. 부자의 형제들이 전도자들이 전하는 복음을 듣지 않으면 나사로가 설령 다시 가서 전한다 해도 듣지 않을 자들입니다.

01
그 문을 열면
눅 16:19~30

핵심 관점 | 죽음

사람들에게 이런 질문을 던졌습니다.
"당신이 살면서 가장 힘든 순간이 언제입니까?"
여러 가지 대답이 나왔습니다. 그런데 90%가 같은 대답을 했습니다.
"사랑하는 사람이 죽어가는 모습을 지켜볼 때…."
사랑하는 사람이 죽어가는데 정작 자신은 아무것도 할 수 있는 것이 없어 마냥 지켜보기만 할 때가 가장 힘들었다는 것입니다. 특별히 사랑하는 사람들 중에서도 배우자의 죽음은 가장 큰 슬픔과 고통이라고 합니다. 이미 사랑하는 배우자의 죽음을 경험한 분들은 충분히 공감하시리라 생각됩니다. 배우자의 죽음만큼 또한 큰 고통을 주는 죽음도 있습니다. 그것은 자녀의 죽음입니다.

몇 해 전 우리 모두에게 가장 큰 슬픔과 고통을 준 사건 하나를 말하라면 이구동성으로 '세월호' 사건을 언급할 것입니다. 세월호 사건은 정말 끔찍스럽고 고통스런 사건이었습니다. 세월호 희생자들이 나와 전혀 무관한 자들임에도 불구하고 우리가 가슴 아파했던 이유는 무엇입니까? 희생된 자들의 다수가 내 자녀들과 같은 어린 학생들이었기 때문이었습니다.

왜 인간은 죽음을 피할 수 없을까요?
왜 인간은 죽음 앞에 아무런 힘도 못쓰고 속수무책 당해야만 합니까?

지금 우리는 엄청난 과학과 의학의 발전을 보면서 살고 있습니다. 휴대폰 하나만 있으면 세계의 모든 정보를 찾을 수도 있고, 마음만 먹으면 세계 어디든지 찾아갈 수 있는 시대에 살고 있습니다. 정말 우리는 문명의 혜택을 마음껏 누리며 살아가고 있습니다. 그런데 왜 정작 죽음의 문제는 정복하지 못하고 있을까요? 죽음의 문제는 정말 극복할 수 없는 문제일까요?

사실 지난 인류역사 가운데 죽음의 문제를 정복하려고 했던 사람들이 있었습니다.
여러분, 생각나는 사람이 누가 있나요?
1. 중국의 진시황제는 죽음을 정복하려고 3천 명의 동자를 보내어 불로초를 구해오라고 했습니다. 그러나 그는 50세에 죽음을 맞이했습니다.

2. '냉동인간'이란 소리는 아마 한 번쯤은 들어보셨을 것입니다. 냉동인간은 죽음을 일정기간 연장시키기 위해 인간을 수면상태에서 냉동시켜 필요할 때에 깨어나게 해서 삶을 좀 더 살겠다는 노력입니다. 하지만 영원히 죽음을 피할 수는 없습니다.

3. 최근에는 줄기세포를 이용한 대체 장기를 만들어서 불치병 치유뿐 아니라 생명연장을 위한 노력들이 끊임없이 계속되고 있습니다.

4. 인간복제도 상당한 수준까지 발전되었다고 합니다. 개나 소 등 동물은 이미 복제가 되고 있습니다. 사람도 이미 복제 가능한 수준까지 이르렀다고 합니다. 그런데 문제는 복제된 인간은 머리가 완전하지 않다고 합니다. 이것이 하나님의 살아계심에 대한 증거가 아니겠습니까?

만일 오늘 죽음이 문 앞에 다가와 있다면 어떻게 하시겠습니까?(5초간 침묵)

피할 수 있는 분이 있습니까?
대책을 가지신 분이 계십니까?
아무리 노력을 해도 죽음을 피할 수 없는 것이 우리의 현실입니다.
언젠가는 저와 여러분에게도 죽음은 반드시 찾아옵니다.
그렇다면 내게도 반드시 찾아오는 죽음을 준비해야 하지 않겠습니까?
아무런 준비 없이 허망하게 이 세상을 떠나서야 되겠습니까?

실제로 많은 이들이 준비 없이 죽음을 맞이하고 있습니다.
여러분은 지금 죽음을 어떻게 준비하고 있습니까? 여러분 주변에 세상을 등지는 가족들과 지인들의 빈소를 보셨을 것입니다. 언젠가 내 빈소가 차려지기 전에 죽음에 대한 분명한 이해를 가지고 준비해야 하지 않겠습니까?

설교를 위한 관점

많은 분들이 이런 생각을 갖고 있습니다.
"죽음은 끝이다", "죽으면 그만이다", "죽으면 끝장나는 것이지 뭔 세계가 있다고 하느냐?"
마치 죽음이 모든 것을 정지시키고 더 이상의 문제도 없는 끝이라고 여깁니다. 그렇다면 여러분의 생각을 한번 물어봅시다!
정말 죽음이 끝입니까? 정말 죽으면 아무것도 없습니까?

오늘 본문에서는 두 사람의 죽음이 나옵니다.
거지 나사로와 부자입니다. 이 두 사람은 모두 죽었습니다. 그런데 본문을 자세히 보시면 이 두 사람의 죽음은 끝이 아니었습니다. 죽음 이후에 이 두 사람이 다 살아있습니다.

어찌된 일입니까?
이들이 죽은 것을 가족이나 친지들이 분명히 확인을 했습니다. 그리고 일정 기간 동안 장례의 절차를 치렀고 무덤에 장사되었습니다. 그렇다면 가족들이 산 자에게 장례를 치렀다는 것입니까?

장례의 절차를 아시지요?

죽은 자는 반드시 의사들이 확인을 하고 사망을 선고합니다. 그리고 죽은 자를 일정기간 동안 덮어 두었다가 온 몸을 닦고 수의를 입혀서 몸을 묶습니다. 그리고 땅 속에 묻거나 태워 화장을 합니다. 산 자도 이렇게 한다면 죽을 수밖에 없는 것이 장례입니다. 이 두 사람 모두 이런 절차를 마친 죽은 자들입니다. 그런데 살아있다니 믿을 수 없는 일 아닙니까?

죽은 자가 살아있다면 좋은 일입니까? 나쁜 일입니까?

이들의 죽음과 살아있음은 무엇을 의미하는 것일까요?

하나님의 목적으로 해결

이들은 죽은 것도 맞고 살아있는 것도 맞습니다!

하나님은 이 두 사람의 모습을 통하여 죽음이 무엇인가를 알려주고 계십니다!

죽음은 끝이 아니라 또 다른 세계를 여는 문입니다.

죽음은 이 땅이 아닌 영원한 세계를 여는 문입니다! 또 다른 세계의 문을 여는 것이 죽음입니다!

그렇다면 우리는 이런 의문점이 생깁니다. 꼭 죽어야만 그 문을 열 수 있습니까?

그냥 살다가 죽지 않고 그 문을 열 수는 없습니까? 절대 그럴 수 없습니다!

성경은 반드시 죽음으로 이 땅의 문을 닫고 죽음을 통하여 그 문을 열 수 있도록 하나님께서 법으로 정하셨습니다!

"한번 죽는 것은 사람에게 정해진 것이요 그 후에는 심판이 있으리니"
(히 9:27)

죽음은 천국과 지옥의 문을 여는 시작입니다!
 1. 나사로는 죽음을 통하여 천국의 문을 열었습니다.
 2. 부자는 죽음을 통하여 지옥의 문을 열었습니다.
 3. 죽음은 어떤 문을 열 것인지 결정하는 것이 아니라 이미 정해진 곳의 문을 여는 것입니다.
 4. 우리가 두려워해야 할 것은 죽음이 아니라 어떤 문을 열게 될 것인가를 더 두려워해야 합니다.

청중 적용

사랑하는 여러분!
 1. 어느 날 내가 만일 죽음으로 지옥의 문을 열었다면 어떻게 하시겠습니까?
 그때 지옥의 문을 잘못 열었다고 "죄송합니다" 한마디 던지고 다른 문을 열면 될까요? 절대 안 됩니다. 죽음 이후에 여는 이 문은 한번 열면 끝입니다!!! 한번 열면 열린 그 문으로 들어가야 합니다.
 그렇다면 죽기 전에, 지금 이 땅에서 살아있을 때에 어떤 문을 열 것인가를 선택해야 합니다!

죽음을 피할 수 있는 자는 아무도 없습니다!
죽음을 피하려는 어리석음은 버려야 합니다. 우리의 어떠한 노력으로도 죽음을 피하는 것이 불가능하기 때문입니다. 지금 죽음에 대한 막연한 생각을 가진 분들이 있다면 오늘 생각을 바로 잡아야 합니다! 지금 나에게 생명이 존재한다는 것은 이 땅에서 복된 삶을 누리다가 때가 되면 또 다른 세계를 열 수 있는 준비의 기회가 주어졌다는 것입니다. 이 기회를 잃은 자는 후회와 절망을 피할 수 없습니다.

2. 두 사람의 모습을 보면서 어떤 문을 열어야 할지 우리는 알게 되었습니다!

부자는 지옥의 문을 열었습니다.
자신이 가진 것으로 충분히 여유 있는 삶을 누린 자가 왜 지옥 문을 열었을까요?
나사로는 천국의 문을 열었습니다.
아무에게도 주목받지 못하고 살아가던 그가 어떻게 부자도 가지 못한 천국을 갈 수 있었습니까?

1) 천국 문은 돈을 많이 가졌다고 열리는 것이 아닙니다.
천국 문은 권세를 가졌다고 열리는 것도 아닙니다. 천국 문은 천국을 열 수 있는 키를 가지신 분을 붙잡아야 열 수 있습니다. 그분이 누구십니까? 그분은 바로 예수 그리스도이십니다! 오직 예수님을 믿고 영접하여 하나님의 자녀 된 자들에게만 천국 문을 열 수 있는 키를 주십니다. 이것이 믿음이라는 키입니다! 누구든지 예수님을 믿음으로 천국을 열 수 있습니다!

2) 왜 예수님만이 우리에게 천국의 문을 열 수 있는 키를 주실 수 있을까요?

그것은 예수님이 십자가에서 내 죄를 위하여 죽으심으로 지옥 문을 열 수밖에 없는 내 모든 죄를 다 해결해 주셨기 때문입니다. 예수님 자신이 친히 우리가 천국에 들어갈 수 있는 천국 문이 되어 주셨기 때문입니다.

"다른 이로써는 구원을 받을 수 없나니 천하 사람 중에 구원을 받을 만한 다른 이름을 우리에게 주신 일이 없음이라 하였더라"(행 4:12)

3) 예수님은 내가 지옥 문 여는 것을 원하지 않습니다. 오늘은 죽음 이후 새로운 세계를 준비하는 날입니다.

청중 결단

그러므로 사랑하는 여러분!
오늘 천국 문을 열어야 합니다! 오늘이 천국 문을 열 수 있는 기회입니다!
예수님을 믿고 나의 구주로 영접하는 그 순간부터 우리는 천국 문을 여는 축복의 사람이 됩니다. 오늘 여기 계신 여러분 중에 죽음에 대한 두려움과 공포에서 벗어나지 못하신 분들이 있을 것입니다! 그런 분이 있다면 오늘 이 시간에 예수님을 구주로 확실히 믿고 죽음의 두려움과 지옥의 형벌에서 해방되시기를 바랍니다!

죽음보다 더 두려운 것이 지옥의 문을 내 손으로 여는 것입니다! 반드시 찾아오는 죽음의 문제를 대비하셔야 합니다. 오는 것은 순서가 있지만 가는 것은 순서가 없습니다. 언제 어떻게 내가 이 땅을 떠날지 아무도 모릅니다. 오늘 해결하지 못하면 또 다시 기회가 없을지도 모릅니다! 그래서 오늘이 내 인생의 가장 귀중한 날입니다!

죽음의 두려움과 지옥 문을 여는 돌이킬 수 없는 불행을 예수님을 통해 해결 받기 원하시는 분은 이 시간 조용히 가슴에 손을 얹으시기를 바랍니다. 이미 결단했고 해결 받았다고 생각하시는 분도 다시 한 번 더 확인하는 마음으로 가슴에 손을 얹으시기를 바랍니다.

예수님을 내 인생의 주인으로 진심으로 받아들이시기를 바라시면 저를 따라하십시오.
"나는 예수님 앞에 지옥 문을 열 수 밖에 없는 죄인임을 진심으로 고백합니다. 나 스스로는 이 죄를 해결할 수 없기에 예수님이 십자가에서 내 죄 때문에 죽으셨음을 믿고 고백합니다. 예수님! 지금 예수님을 나의 구주로 영접합니다. 나의 모든 죄를 용서하여 주시고 하나님의 자녀 된 권세를 주시옵소서! 그리고 예수님과 영생하도록 천국 문을 여는 자가 되었음을 믿습니다! 이

제부터 예수님의 자녀로 믿음을 잃지 않고 살아가겠습니다. 믿음으로 살아가겠습니다! 예수님의 이름으로 고백합니다! 아멘!"

다 같이 고백합니다!
나는 죽음을 이겼습니다!!
나는 천국 문을 여는 자가 되었습니다!!
나는 예수님의 자녀입니다!!
아멘!! 아멘!! 아멘!!

02
영원한 이름
눅 16:20~23

🌸 핵심 관점 | 이름

옛날 상전과 종 사이는 많은 차이가 있었습니다. 그 중에서도 가장 크고 분명한 차이는 바로 "이름"입니다. 주인은 이름이 존재했지만 종은 이름이 없었습니다. 이름은 없고 대신 삼돌이, 돌쇠와 같은 별명만 존재했습니다.

설교를 위한 관점

본문을 읽으면서 이상한 부분은 부자(주인, 나사로의 주인은 아니지만)는 이름이 없고 거지(천한 사람, 종 같은 존재)는 '나사로'라는 이름이 존재하고 있다는 점입니다. 상식적으로는 부자의 이름이 존재해야 하고 나사로 같은 사람은 그냥 거지라 해도 되지 않겠습니까?

그러나 본문을 아무리 살펴보아도 부자의 이름은 존재하지 않습니다. 하지만 거지는 '나사로'라는 분명한 이름이 존재합니다. 나사로라는 이름은 천국으로 오기 전부터 이 땅에서 부르던 이름입니다. 하지만 부자는 이 땅에서도 이름이 없고 내세에서도 이름이 없습니다. 이상하지 않습니까!

부자의 입장을 좀 생각해 본다면 대단히 기분이 상할 일입니다. 그도 분명히 이름이 있었습니다. 이름이 존재했을 뿐만 아니라 자신은 이 땅에서 이름 꽤나 날리면서 살았다고 생각했을 텐데 자신의 이름을 거론하지 않는 것은 자신을 멸시하는 처사라고 여길 것입니다. 그는 자신을 무시하는 태도에 화도 났을 것입니다. 또한 부자의 입장에서 보면 거지 나사로는 이름을 거론할 가치도 없는 자라고 생각했는데 버젓이 그 이름을 내세우는 것을 보면서 더 큰 울화가 치밀어 올랐을 것입니다. 만일 여러분들이 부자의 입장이라면 이런 상황에서 그냥 있을 수 있겠습니까!

왜 한 사람의 이름은 무시하고 한 사람의 이름은 내세우고 있습니까!

하나님의 목적으로 해결

성경이 이들의 이름을 밝히거나 밝히지 않는 것은 아주 분명한 이유가 있기 때문입니다.

우리는 천국 가는 방법이 무엇인지 압니다. 천국은 예수님의 이름을 믿고 그 이름을 부르는 자들이 가는 곳입니다. 천국은 예수님의 이름을 부르는 자들이 모인 곳입니다. 그렇다면 지금 나사로가 천국에 있다는 것은 그가 예수님의 이름을 믿었고 구원을 받았다는 증거입니다. 그렇다면 부자는 어디에 있습니까? 맞습니다! 그는 지옥에 있습니다! 그는 예수의 이름을 믿지도 부르지도 않은 자란 증거입니다.

부자에게 이름이 없는 것은 그는 잊혀진 자란 뜻입니다. 영원히 아무도 기억하지 않는 자란 의미입니다. 다시 말해서 하나님께 외면당한 자란 말입니다. 하나님께서 그 이름을 외면하셨기에 지옥에 던지신 것입니다.

예수님의 이름을 믿지 않고 그 이름을 부르지 않는 자는 이 땅에서만 그의 이름이 존재할 뿐 영원히 잊힌 자가 된다는 것을 깨닫게 합니다. 하지만 예수님의 이름을 믿고 부르는 자는 그 이름이 현세와 내세에 영원히 기억됩니다. 예수님을 믿지 않았음은 예수님의 이름을 인정하지 않은 것입니다. 예수님도 그를 영원히 인정하지 않으시기에 그 이름을 지우셨습니다.

1. 예수님을 믿지 않는 자는 생명책에 그 이름이 기록되지 않았기에 기억할 가치가 없는 자입니다.
2. 예수님은 이 땅에서도 내세에서도 부자의 이름을 부르신 적이 없습니다.

3. 나사로란 이름은 이 땅에서 생명책에 기록되었기에 그의 이름을 기억하시고 그 이름을 부르셨습니다.

청중 적용

사랑하는 여러분!
1. 만일 어느 순간부터 내 이름이 사라져 버린다면 어떻게 하시겠습니까?

내 이름은 내 존재를 의미합니다. 내 이름이 없다는 것은 내 존재가 무시를 당하는 것입니다. 이런 상황이 내 앞에 온다면 그래도 아무렇지 않게 계시겠습니까?

아무도 불러주지 않는 이름, 기억하지도 못하는 이름이 정말 이름입니까?

거지의 이름도 기억되고 영원히 남아서 그 이름이 불려지는데 내 이름은 흔적도 없고 아무도 기억하지 않는다면 이는 죽었어도 기가 막힐 일이 아닙니까!

부자의 심각성은 그 이름이 하나님께 외면당하고 있다는 점입니다.

성경에는 '부자'라고만 기록되어 있는데, 이름이 없는 것은 하나님께서 누가복음의 기록자에게 그의 이름을 기록하지 말라고 하셨기 때문입니다. 그러나 실제로 부자의 이름은 존재했습니다. 전해지는 바에 의하면 그 부자의 이름은 "다이브스"라고 합니다.

우리가 잘 아는 사랑의교회를 세웠던 고 옥한흠 목사님께서 이 본문을 설교하시면서 부자의 이름을 "다이브스"라고 밝혔습니다. 하지만 그는 잊혀 진 자, 더 정확히 말하면 버림을 당한 자였습니다.

2. 오늘 이 시간은 내 인생에 아주 중대한 시간입니다.

오늘 내 이름이 남느냐, 버림을 당하느냐가 결정될 수도 있기 때문입니다!

내 이름을 묘지 앞 비석 위에만 새길 것인가 하나님의 가슴에 새길 것인가가 결정될 수 있기 때문입니다.

오늘이 내 이름이 사느냐 죽느냐가 걸려있는 날입니다!

오늘 나의 결단을 통해 하나님께 버림 당할 수밖에 없는 내 이름이 다시 하나님의 주목을 받을 수 있게 됩니다!

어떻게 하면 됩니까? 방법은 하나뿐입니다!

예수, 그 이름을 구주로 믿고 예수의 이름을 부르면 됩니다!

하나님은 그가 어떤 자라도 예수의 이름을 믿고 예수의 이름을 부르면 그 이름을 절대로 외면하시지 않습니다. 그 이름을 영원히 하나님의 가슴에 새기시고 현세와 내세에 절대 잊지 않으십니다!

이제 내 이름을 생명책에 남깁시다. 내 이름을 예수님의 가슴에 새깁시다. 하나님의 생명책에 영원히 지울 수 없도록 이 시간 예수님을 구주로 믿고 예수님의 이름을 부릅시다!

청중 결단

〈개인을 위한 결단〉
이 시간 예수님께 내 이름을 새깁니다!
이렇게 고백을 합니다!

"이 시간 나는 예수님의 이름을 믿기로 작정합니다. 나는 예수님의 이름으로 죄 사함과 구원이 이루어짐을 믿습니다. 나는 이 시간 예수님을 나의 구주로 영접합니다. 이 시간 내 이름이 생명책에 새겨짐을 믿습니다. 나는 이 시간 이후 영원히 내 이름이 천국에서 기억됨을 믿습니다."

이 고백으로 내 이름은 생명책에 기록되었습니다. 확실합니다! 아멘!!!

〈전도를 위한 결단
 - 구원의 문제를 해결 받은 자들을 위한 전도 동기부여〉
내 주변에서 잊힐 이름들이 너무 많습니다!
그들을 예수님께로 데리고 와서 그 이름을 부르게 합시다.
예수님을 외면한 그 이름을 기억해서 그들의 이름을 부르며 그들의 이름이 천국에서 영원히 새겨지도록 해야 합니다. 지금 내 부모, 형제, 자녀, 아내, 남편의 이름이 위태합니다!

〈촉구〉
자~ 그냥 두면 어떻게 되겠습니까? 부자처럼 됩니다. 오늘이 기회입니다. 그 이름들이 예수님을 부를 수 있도록 예수님께 그 이름을 불러드립시다.

자~ 따라서 합시다.
"예수님! 내 남편 OOO 예수님의 이름을 부르게 해 주세요."
"하나님! 내 자식 OOO 예수님의 이름을 부르게 해 주세요"
"하나님! 우리 어머니 아버지 형제, 자매가 예수님의 이름을 부르게 해 주세요"
이들이 예수님의 이름을 부르도록 "통성기도" 합시다.

03
그대 품에 영원히
눅 16:22~23

 **핵심 관점 | 품다**

여러분은 죽음 이후의 세계, 즉 사후의 세계에 대해 어떤 정보를 갖고 있습니까?

오늘 본문은 사람의 사후의 문제에 대한 명확한 답을 주고 있습니다.

두 사람은 이 땅에서 같은 곳에 살았습니다. 비록 이들이 살았던 환경은 달랐지만 같은 장소에서 살았습니다. 그러나 이들이 죽은 이후에는 전혀 다른 곳에서 살고 있습니다. 거지 나사로는 아브라함의 품에서, 부자는 음부의 품에서 살고 있습니다. 아브라함의 품은 하나님의 품이요, 천국의 품입니다. 음부의 품은 사탄의 품이요, 지옥의 품입니다.

설교를 이끄는 관점

부자는 기가 막혔습니다. 자기 집 대문 앞에서 집에서 나오는 음식 찌꺼기로 배를 채우던 거지 나사로가 자신과는 비교도 할 수 없는 아브라함의 품에 있었기 때문입니다.

부자는 나사로가 있는 곳을 보고 말도 나오지 않습니다.

'왜 저 나사로가 아브라함의 품에, 하나님의 품에 있는 것일까?'

'나는 왜, 도대체 무엇 때문에 이 뜨거운 음부의 품, 사단의 품에 있는 것일까?'

부자는 도저히 믿기지 않는 현실 앞에서 미칠 것만 같았습니다.

부자의 입장에서 생각하면,

저 거지는 자신이 먹여 살린 것이나 다름이 없던 자입니다. 하지만 저 거지 때문에 날마다 피해를 본 자도 바로 자신이었습니다. 냄새나고 보기도 흉하고 지나갈 때마다 먹을 것을 달라 돈 한 푼 달라 구걸하는 성가신 소리를 매일 들어야 했습니다.

부자는 정말 어이가 없고 미칠 것 같습니다.

"저 인간에 비하면 나는 정말 열심히 살았어. 내가 그냥 부자가 된 줄 아냐? 나는 최선을 다하며 살았어. 그냥 저절로 부자가 된 것이 아니야. 나는 부를 이루기 위해 노력했다고. 사람들이 볼 때에 내가 인색하게 살았던 것 같이 보였지만 그래도 내가 거지를 평생 거두어 먹였고, 내가 자비를 베풀고, 내가 선도 행하고, 내가 나름대로 덕을 쌓았다고. 그런데 왜 내가 여기에 와야 하냐고? 그리고 나는 정말 여기에 올 만큼 끔찍한 죄를 지은 적이 없다고, 정말로 억울하고 분해서 미칠 지경이야. 미칠 것 같다고."

이 두 사람 중에 누가 먼저 죽었을까요?

분명 거지가 먼저 죽었을 것입니다. 그렇다면 그 장례를 누가 치러주었겠습니까? 바로 부자가 치러 주었을 가능성이 큽니다. 물론 잘 치러주지는 않았겠지만 적어도 자기 집 대문에서 죽은 거지를 그냥 둘 수 없었을 것입니다. 사람들의 눈을 봐서라도 부자는 적당히 장례를 치러주었을 것입니다.

부자의 생각대로 죽는 순간까지 거지였던 저 인간이 어째서 아브라함의 품에 있어야 한단 말인가? 이렇게 부자는 거지가 아브라함의 품에 있다는 것을 도저히 받아들일 수 없었습니다. 거지가 저기에 있다면 나는 더더욱 더 좋은 곳에 있어야 한다는 것이 부자의 생각이었습니다.

자, 여러분이 생각해도 부자가 얼마나 억울할지 짐작이 되시죠? 그렇다면 왜 이런 일들이 일어났을까요?

하나님의 목적으로 해결

지금 부자가 놓치고 있는 것이 있습니다!
그것은 자신이 왜 음부의 품에 있는지에 대한 원인을 놓쳤습니다!
부자가 음부의 품에 간 원인이 있습니다.

오늘 성경 속에 답이 있습니다.

"한 부자가 있어 자색 옷과 고운 베옷을 입고 날마다 호화롭게 즐기더라" (16:19)

이것은 부자의 일상입니다. 부자는 이렇게 매일 즐거운 일상을 보내다가 잊어버렸습니다. 곧 다가올 죽음 이후의 시간을 준비해야 될 때를 잊은 것입니다!

그에게는 오직 오늘뿐이었습니다!
오늘 먹고 마시고 즐기고, 오늘만 좋으면 그만이었습니다. 이 세상의 삶이 전부인 양 그렇게 세상을 품고 세상의 부와 명예에 취해 살았습니다. 분명 그에게도 내일을 준비하라고, 장차 당신이 가야 할 내세에서 아브라함(하나님)의 품에 영원히 안길 수 있는 준비를 하라고 누군가 알려주었을 것입니다. 그러나 부자는 그 소리를 듣고 무시했습니다. 귀찮게 여겼습니다. 오히려 비웃었습니다!

여기에 반해서 나사로는 어떻게 살았습니까?
남에게 구걸하며 무시당하는 삶을 살았습니다. 나사로는 비록 현세에서는 풍요를 누리지 못하고 고단한 삶을 살았지만 그가 결코 잊어버리지 않은 것은 내일에 대한 준비, 죽음 이후에 하나님의 품에 영원히 안길 수 있는 때를 준비했습니다.

그렇다면 나사로가 내일을 위하여 죽음 이후의 복된 삶을 위해서 준비한 것이 무엇입니까? 그것은 하나님의 품에 영원히 안

길 수 있는 유일한 길이신 예수님을 품었습니다.

그렇습니다. 예수님은 우리가 죽음 이후에 아브라함의 품에, 하나님의 품에 영원히 안길 수 있는 유일한 길입니다. 예수님은 하나님의 품에서 영원토록 복된 삶을 누릴 수 있는 유일한 길입니다.

부자는 예수님을 품는 일에 관심이 없었습니다. 그러나 나사로는 비록 거지로, 가난뱅이로 살았지만 예수님을 품었습니다. 예수님을 전부로 여겼습니다. 그 결과 나사로는 아브라함의 품, 하나님의 품에 영원히 안기게 되었습니다.

1. 나사로는 살아 있는 동안 예수님을 구주로 품었기에 아브라함의 품에 안겼습니다.
2. 부자는 세상을 품고 예수님을 품지 않았기에 지옥의 품에 안겼습니다.
3. 예수님을 품지 않고는 누구든지 아브라함의 품에 안길 수 없습니다.

청중 적용

사랑하는 여러분!
1. 지금 나는 누구의 품에서 살고 있습니까?
지금 이 두 사람이 품고 있는 것을 보면서 내일 나의 모습을 점검해 보시기 바랍니다.
나는 아브라함의 품, 하나님의 품에 안길 수 있습니까?

나의 영원한 시간이 돌이킬 수 없는 처절한 후회와 절망과 탄식으로 얼룩진 음부의 품에 안겨서야 되겠습니까?

오늘 하나님께서 이들의 모습을 보여주시는 이유를 놓쳐서는 안 됩니다!

내일을 잊어버린 채 오늘만 바라보고 오늘 눈앞에 펼쳐진 현실에서 무엇을 먹을까, 무엇을 마실까, 어떻게 즐길까에 붙들려 살아가는 나에게 노크하시는 하나님의 음성입니다!

지금 여러분은 무엇을 붙들고 살아가고 있습니까?

히말라야 산맥에 가면 '할단새'라고 부르는 새가 있습니다.

이 새는 그 이름보다도 별명이 더 유명합니다. 이 새의 별명은 '내일이면 집 지으리~~'입니다. 내용인즉 이렇습니다. 히말라야 산이 얼마나 춥습니까? 특히 밤이 되면 상상도 할 수 없는 추위가 몰려옵니다.

그러면 '할단새'는 추위에 오돌 오돌 떨면서 '내일이면 집 지으리, 내일이면 집 지으리' 하며 노래한답니다. 그러다가 아침이 되어 햇빛이 비추어지고 따뜻해지면 간밤의 결심을 금방 잊어버리고 또 놀기 바쁩니다. 결국 그 새는 '내일이면 집 지으리~' 울면서 평생 동안 집을 못 짓지 못한다고 합니다.

2. 오늘이 내일입니다!

오늘이 소중한 것은 내일을 준비할 수 있는 시간이기 때문입니다.

하나님은 오늘 나의 모습으로 내일의 내 모습을 결정하십니다!

오늘 당장 나를 부르셔도 하나님의 품에서 영생할 수 있는 준비가 되어 있어야 합니다.

오늘 준비의 시간을 놓치지 않는 자가 지혜로운 인생입니다.

1) 그날은 반드시 옵니다.

그날은 내가 누구의 품에 안겨 있는지를 확인하는 날입니다. 그날은 아브라함, 즉 하나님의 품에서 행복한 영생의 삶을 살 자와 음부의 품, 지옥의 품에서 영원히 고통 속에서 영생할 자가 분명하게 구분됩니다.

2) 그날은 영원히 사는 날입니다.

내가 누구의 품에 안겨 있든지 자리 이동이 불가합니다. 어디든 품에 안기는 그 품에서 영원히 살아야 합니다. 그날에 지옥의 품에 안겼다고 아무리 후회해도 소용이 없습니다. 다시는, 누구에게든 기회가 없습니다!

3) 그날은 지금 이 땅에서 결정됩니다!

이 땅에서 그 날을 준비해야 합니다. 내가 아브라함의 품에 안기도록 오늘 준비해야 합니다. 하나님은 아무나 자신의 품에, 천국에 품에 안기도록 허락하지 않습니다. 하나님의 품, 천국의 품에 안기는 자는 오직 하나님의 자녀들뿐입니다!

청중 결단

그렇다면 하나님의 품에 안기는 비결은 무엇입니까?

"영접하는 자 곧 그 이름을 믿는 자들에게는 하나님의 자녀가 되는 권세를 주셨으니"(요 1:12)

그렇습니다. 예수님의 이름을 믿고 영접하면 하나님의 자녀가 되고 영원히 하나님의 품에 안기게 됩니다.

여러분은 예수님을 영접하셨습니까? 예수님을 품었습니까?

오늘 이 예배에 오신 대부분은 예수님을 영접하셨습니다. 예수님을 품었습니다. 그렇다면 우리는 아브라함의 품에 안긴다는 확신을 가지시기를 바랍니다!!

그러나 문제는 아직도 내 가족들 중에, 내 친구들 중에 내일을 준비하지 못한 자들이 너무 많습니다. 저들은 지금 죽으면 지옥의 품에 안길 자들입니다. 저들을 그냥 보고만 계실 것입니까? 예수님을 품을 수 있도록 우리가 기회를 주어야 합니다.

어떻게 하면 좋을까요? 여러분이 저들을 전도 대상자로 품으십시오.

저들이 하나님의 품에 안기도록 여러분이 가슴에 품고 기도하면서 찾아가십시오. 그리고 전하십시오. 저 영원한 세계에서 영생을 누릴 수 있는 유일한 길이신 예수님을 전하십시오. 하나님은 여러분들을 통해 당신 품에 안겨야 할 자들을 지금 찾고 계십니다.

이 일에 우리 모두가 동참해야 하지 않겠습니까! 할렐루야.

04
그곳은 보고 싶지 않아요!

눅 16:23~24

 **핵심 관점 | 보다**

혹시 여러분 가운데 최근에 세상을 떠난 분의 마지막 모습을 본 적이 있는지요? 저는 목회자로 살아오면서 많은 이들의 죽음을 곁에서 지켜보았습니다. 특별히 죽은 자의 입관을 집례할 때면 참 많은 생각을 하게 됩니다.

입관은 보통 40분 정도 시간이 소요됩니다. 장례 지도사가 정성을 다해 고인을 모시는데, 먼저 알코올 솜으로 몸을 깨끗이 닦고 정성을 다해 수의를 입힙니다. 그리고 머리도 빗으로 깨끗하게 빗기고 얼굴에 옅은 화장도 합니다. 이렇게 한 후에 장례지도사는 잠시 물러납니다. 유족들에게 고인을 볼 수 있는 마지막 순간을 주기 위해서입니다. 유족들은 고인에게 평소 못다 한 이야기를 꺼내놓습니다.

"아빠 잘 가세요", "엄마 고마웠어요. 좋은 곳에 잘 가세요", "여보 미안하고 사랑해요."

참으로 숙연해지는 시간입니다. 이렇게 짧은 이별의 시간을 가진 후에 장례 지도사는 고인의 얼굴을 천으로 덮고 온 몸을 꽁꽁 묶어버립니다. 이때 유족들 대부분 많이 웁니다.

어떤 분들은 실신하기도 합니다. 왜 이렇게 유족들과 주변 사람들이 슬퍼합니까? 다시는 볼 수 없다는 아쉬움 때문입니다!

하지만 아무리 울어도 소리를 쳐도 죽은 자는 말이 없습니다. 살아있는 자들의 마지막 인사와 통곡 소리를 듣지 못합니다. 죽은 자는 죽음과 동시에 그의 눈, 귀, 코, 입 등 모든 기능이 정지되었기 때문입니다. 이렇게 입관이 끝나면 이제 남은 장례절차는 매장을 하든지, 화장을 하든지 2가지 중에 하나를 선택하여 영원히 고인을 떠나보냅니다. 장례식의 모든 절차는 산 자의 몫입니다. 죽은 자는 자신을 어떤 방법으로 장례를 치르든 아무 것도 할 수가 없습니다.

자, 오늘 본문을 보세요. 본문에 등장하는 부자도 당시 유대인들의 관습과 그 시대의 풍습에 따라 장례가 이루어졌습니다. 아마 부자였으니까 그의 장례는 성대하게 치러졌을 것입니다.

설교를 이끄는 관점

그런데 오늘 본문에 보면 우리가 상식적으로 전혀 납득할 수 없는 이상한 일들이 죽은 자에게 일어났습니다.

"눈을 들어 멀리 아브라함과 그의 품에 있는 나사로를 보고"(16:23)

여러분, 무엇이 이상합니까? 부자는 분명히 죽었습니다. 그런데 죽은 자가 눈을 들어서 아브라함의 품에 있는 나사로를 보고 있습니다.

죽은 자가 본다는 말을 이해할 수 있습니까?

어떻게 죽은 자가 볼 수 있습니까?

위에서 언급한 것처럼 죽은 자는 매장을 했든 화장을 했든 장례절차에 따라 시신을 처리했습니다. 이런 사실을 알고 있다면 죽은 자가 본다는 것은 도저히 믿을 수 없는 일입니다. 본다는 것은 죽은 것이 아니라 살아있다는 것입니다. 여러분, 죽은 자들이 보고 있다면 좋은 일입니까? 끔찍한 일입니까? 사람에 따라서 다를 수는 있겠지만 죽은 자가 보고 있다는 것은 그리 좋은 일만은 아닙니다.

분명히 이들은 모두 죽은 자입니다. 그렇다면 성경이 거짓을 말하는 것일까요?

절대 그럴 수 없습니다. 성경은 단 한 구절도 거짓이 있을 수 없습니다. 더구나 이 이야기를 예수님이 하고 계시다는 사실을 잊으면 안 됩니다. 예수님은 하나님이십니다. 하나님은 우리가 볼 수 있는 세계와 우리가 볼 수 없는 세계를 전부 다 볼 수 있는 분이십니다. 우리가 예수님을 믿고 의지하는 성도라면 지금 예수님이 보여주신 이 부자의 모습에 거짓이 없음을 믿고 아멘 해야 합니다.

하나님의 목적으로 해결

그렇다면 여러분! 예수님께서 부자가 천국에 있는 나사로의 모습을 본다는 것을 강조하시는 이유가 무엇일까요? 무엇 때문에 지옥에서 천국을 보고 있는 부자의 모습을 생생하게 보게 하시는 것일까요?

지옥이 어떤 곳인가를 보여주시려는 것입니다!

1. 지옥은 천국을 보면서 영원히 고통을 당하는 곳입니다.
부자는 지금 지옥에서 천국을 바라보고 있습니다. 천국에는 놀랍게도 너무나 행복한 모습을 한 나사로가 보입니다. 자신은 불꽃 가운데서 1초도 쉴 수 없는 고통을 당하고 있는데 나사로는 너무도 행복합니다. 이 때문에 부자는 더 큰 고통을 느낍니다. 이것을 "비교 고통"이라고 합니다. 나사로를 바라보면서 느끼는 상실감, 비참함. 지옥은 천국에 있는 나사로를 보면서 영원히 비교 고통을 느끼는 장소입니다.

2. 지옥의 현실은 말로 표현할 수 없는 처참한 곳입니다.

"이 불꽃 가운데서 괴로워하나이다"(16:24)

인간이 느끼는 고통 가운데 가장 무서운 고통이 불에 데는 고통이라고 합니다. 그래서 옛날 사극에 보면 사람을 고문할 때 불에 달구어진 인두로 몸을 지지지 않습니까? 이것은 정말 견디기 힘든 고통이라고 합니다. 실제로 뜨거운 솥이나 냄비에 살짝 손가락을 데여도 얼마나 고통스럽습니까? 지옥은 정말 상상할 수 없는 불꽃이 영원히 고통을 주는 곳입니다. 문제는 타지도 않고 죽지도 않는다는 것입니다. 다만 그 고통만이 영원히 가해지는 곳입니다.

부자는 지금 이 고통스러운 불꽃 한가운데서 이렇게 고통을 호소합니다.

"이 불꽃 가운데서 괴로워하나이다." 괴로워할 뿐입니다. 괴로움 속에서 절망과 후회, 한숨만이 반복되고 있습니다.

3. 지옥은 영원히 고통 받는 곳입니다.

"거기에서는 구더기도 죽지 않고 불도 꺼지지 아니하느니라 사람마다 불로써 소금 치듯 함을 받으리라"(막 9:48-49)

지옥은 구더기 한 마리도 죽지 않습니다. 고통의 불꽃이 단 1초도 멈추지 않는 곳입니다. 지옥은 영원히 고통을 주는 곳, 단 1초도 쉼이 없는 곳입니다. 그러므로 이 고통 장소는 아무도 가서는 안 되는 곳입니다.

청중 적용

사랑하는 성도 여러분!
1. 살면서 너무 힘든 현실 앞에 우리는 "사는 것이 지옥 같

다"고 합니다.

　심정은 이해할 수 있는 말입니다. 하지만 지옥이 그 정도라면 살 만할 것입니다. 지옥은 가보지 않고는 도저히 표현조차 할 수 없는 고통과 저주가 넘쳐나는 곳입니다!

　오늘 우리는 지옥을 생방송으로 보았습니다!
　지옥에 있는 부자가 살아서 천국을 보며 자신의 신세를 절망하는 처절한 현장을 목격했습니다. 하나님께서 오늘 우리에게 이 지옥의 모습을 공개하시는 이유를 놓쳐서는 안 됩니다!
　그것은 오직 하나입니다. 지옥은 가야 할 곳이 못 된다!! 지옥을 절대 가서는 안 된다는 음성입니다!

　이렇게 생생하게 지옥의 현장을 공개하셨는데도 예수님의 음성을 무시하고 지옥에 간다면 그처럼 어리석은 자는 없을 것입니다! 아직도 지옥의 현실이 믿어지지 않는 분이 있다면 정신을 차려야 합니다! 오늘 본 부자의 모습이 내일 내 모습이 될 수도 있습니다!

　이런 분들이 있을 수 있습니다!
　'기분 나쁘게 무슨 지옥 이야기를 하는가?'
　피곤한 몸을 이끌고 교회 왔으면 복을 주어야지 무식하게 지옥이나 말하면서 정신적인 고통을 준다고 불평하는 분들도 분명히 있을 것입니다.
　하지만 지옥을 말하는 분이 예수님이십니다! 그 분은 우리를 복 주시려는 분입니다! 그분은 지옥의 권세를 깨트리고 천국의 복을 주시려고 이 땅에 오셨습니다. 이 땅의 삶은 잠깐이고 보다시피 지옥의 삶은 영원합니다! 잠깐 언짢은 감정을 피하려고 지옥의 저주를 숨기는 것은 진정한 복음이 아닙니다.

2. 제발 지옥에 가지 마십시오!!

오늘이 지옥을 청산하는 날입니다. 지옥의 길에서 돌아서는 날입니다. 죽음 이후에는 누구도 바꿀 수 없습니다. 지금 방향을 바꾸어야 합니다.

어떻게 바꾸어야 합니까?

1) 나의 인생의 목표를 예수님에게로 바꾸어야 합니다.

지옥은 누가 갑니까? 예수님과 다른 방향으로 가는 자들이 가는 곳입니다.

"내가 곧 길이요 진리요 생명이니 나로 말미암지 않고는 아버지께로 올 자가 없느니라"(요 14:6)

예수님께로 자신의 삶의 방향을 바꾸는 자는 누구든지 지옥의 저주에서 벗어나 천국에 갑니다!

2) 분명한 신앙고백이 필요합니다.

"영생은 곧 유일하신 참 하나님과 그가 보내신 자 예수 그리스도를 아는 것이니이다"(요 17:3)

오직 예수님만이 영생을 주시는 유일한 구주이심을 믿고 고백하는 나의 신앙고백이 지옥의 저주를 끊게 합니다.

"다른 이로써는 구원을 받을 수 없나니 천하 사람 중에 구원을 받을 만한 다른 이름을 우리에게 주신 일이 없음이라"(행 4:12)

3) 구원의 확신을 지키십시오!
자, 제가 여러분에게 질문 하겠습니다.
"지금 죽으면 천국 갈 믿음과 확신이 있습니까?"
이 질문 앞에 우리는 이 시간 정직하게 자신에게 물어보고 분명한 확신을 가진 후에 대답해야 합니다. 다시 한번 묻습니다.
"여러분! 지금이라도 주님이 나를 부르시면 저 영원한 하나님의 나라에 들어갈 믿음과 확신이 있습니까?"(10초의 침묵)

청중 결단

운전을 하다보면 U(유-턴)이라는 표지판을 볼 수 있습니다!
유-턴은 잘못된 방향을 바꾸라고 만든 표지판입니다.
예수님께서 지옥을 보여 주시는 것은 우리보고 유-턴 하라는 것입니다.
지금 예수님을 영접하시고 내 삶의 방향을 완전히 바꾸십시오.
주님은 말씀하고 계십니다!

"네가 만일 네 입으로 예수를 주로 시인하며 또 하나님께서 그를 죽은 자 가운데서 살리신 것을 네 마음에 믿으면 구원을 받으리라 사람이 마음으로 믿어 의에 이르고 입으로 시인하여 구원에 이르느니라"(롬 10:9-10)

1899년 한 해가 기울어가는 겨울날 'D. L. 무디'에게 죽음이 임박했습니다.

그날은 12월 22일 금요일 아침이었습니다. 그의 아들 윌은 복도 건너편 아버지의 방에서 아버지가 중얼거리는 소리를 들었습니다.

"대지가 물러간다. 내 눈앞에 하늘이 열려 있다."

윌은 아버지의 방으로 달려갔습니다. 무디는 말하기를 계속 말을 했습니다.

"이것은 꿈이 아니다. 윌, 정말 아름답다. 정말 황홀하구나! 만일 이것이 죽음이라면 무엇이 두려울 것이 있겠느냐! 하나님이 나를 부르고 있다. 나는 가야만 한다."

이 말을 한 후 무디는 의식을 잃었습니다. 아들 윌이 의식을 잃어가는 아버지의 모습을 보니 고통을 전혀 호소하지도 않았고 정말 행복한 모습이었습니다. 윌은 아버지의 주치의를 불렀고 집에 도착한 주치의는 꺼져가는 생명을 다시 일으키기 위해서 열심히 의학적인 노력을 했습니다. 그러자 무디는 다시 살아났습니다. 그리고는 다음과 같이 말했다고 합니다.

"나는 이 세상 바깥에 갔다 왔단다. 나는 방금 천국의 문 앞에 갔는데 그곳은 말할 수 없을 만큼 멋지고 아름다운 곳이며 나의 사랑하는 아이들인 아이린과 드와이트도 만났단다."

이들은 무디보다 먼저 죽은 자녀들이었습니다. 무디는 이렇게 말한 후 영원한 천국으로 갈 신호를 받았다고 하면서 마지막 말을 합니다.

"무엇으로도 나를 더 이상 잡아둘 수 없다. 마차가 방안에 와

있구나."

그러고는 밝은 모습 가운데 천국으로 입성했다고 합니다.

사랑하는 성도 여러분! 오늘 우리도 이렇게 내 인생의 마지막 시간을 한번 그려봅시다. 내 인생 여정이 끝나는 날 이렇게 찬양해야 하지 않겠습니까?

♬ 매일 발걸음마다 예수 인도 하셨네
　나의 무거운 죄짐을 모두 벗고 하는 말 예수 인도하셨네

그렇게 하기 위해서 오늘 다시 한번 더 분명하게 고백합시다.

예수님을 믿으면서도 구원관이 분명치 못한 분들은 오늘 분명하고 확실하게 예수님을 영접하시기 바랍니다. 또한 이미 주님을 영접하신 분들은 내 안에 계시는 주님을 다시 한 번 더 확인하는 시간이 되시기를 바랍니다. 따라합시다.

"하나님 아버지! 예수님이 나의 주가 되심을 믿습니다. 예수님이 나의 모든 죄를 지시고 십자가에 죽으시고 부활하심도 믿습니다. 이제 나는 예수님의 공로로 천국갈 수 있음을 믿습니다. 예수님의 이름으로 기도합니다."

찬양하며 기도합시다.

♬ 매일 발걸음마다 예수 인도하셨네
　나의 무거운 죄짐을 모두 벗고 하는 말 예수 인도하셨네

05
부르고 또 불러도
눅 16:24

 핵심 관점 | 불러 이르되

인생을 살다보면 전혀 예상치 못한 다급한 일들이 내 주변에서 일어날 때가 있습니다. 여러분은 살면서 가장 다급했던 순간이 언제입니까? 그때 여러분은 가장 먼저 어떤 행동을 취하셨습니까?

예화)
한때 신바람 웃음박사로 유명했던 故 황수관 박사가 들려준 그의 어머니에 대한 이야기는 많은 이들의 가슴을 뭉클하게 했습니다. 아기 황수관이 돌쯤 되었을 때 홍역으로 거의 죽게 되었습니다.

그러자 어머니는 죽어가는 자식을 밤새 품에 안고 온몸을 주

무르며 끝까지 포기하지 않았습니다. 그러나 아버지는 이미 거의 죽은 아들에게 희망이 없음을 알고 아들을 싸서 산에 묻으려고 지게와 삽을 준비하여 어머니에게 이렇게 외쳤습니다.

"죽은 자식 품에 안고 있으면 뭐하냐? 부모보다 먼저 가는 자식은 자식도 아니야."

그러나 어머니는 자식을 놓을 수가 없었습니다. 죽은 몸과 같은 아들을 품에 안고 서러움에 눈물을 뚝-뚝 흘리면서 홍역으로 인하여 종기와 고름이 뒤덮인 자식의 얼굴을 자신의 혀로 핥고 또 핥으면서 하나님께 이렇게 부르짖었습니다.

"하나님, 하나님이 살아계시다면 죽어가는 내 아들을 살려주세요."

"하나님, 하나님이 살아계시다면 죽어가는 내 아들이 다시 일어나게 해 주십시오."

그러자 정말로 얼굴에 생기가 돌아오고 손가락이 움직여지면서 기적같이 살아났습니다. 황수관 박사는 어머님의 기도 때문에 다시 살아날 수 있었다고 간증하면서 평생을 장로로서 하나님을 의지하며 하나님께 기도하는 인생을 사시다가 2012년 12월 천국에 갔습니다. 이처럼 하나님은 다급할 때 부르짖는 자의 음성을 들으십니다.

기도는 이렇게 좋은 것입니다. 언제 어디서든지 다급할 때 "하나님, 어찌해야 합니까? 하나님 도와주세요"라고 기도하면 하나님은 우리의 기도를 들어주십니다.

설교를 이끄는 관점

본문에도 아주 다급하게 부르짖는 한 사람을 만날 수 있습니다. 그는 부자였습니다. 지금 그는 모든 힘을 다하여 부르짖고 있습니다. 그가 무엇 때문에 온 힘을 다하여 부르짖는지 궁금하지 않습니까?

여러분들이 사실을 알고 나면 웃을 수도 있습니다. 그는 거창한 명예와 권력 그리고 돈다발을 달라고 부르짖은 것이 아니었습니다. 단지 그는 너무 힘들고 고통스러워 나사로의 손가락 끝에 물 한 방울만 찍어 자신의 혀에 적셔 달라고 힘을 다하여 부르짖었습니다.

"불러 이르되 아버지 아브라함이여 나를 긍휼히 여기사 나사로를 보내어 그 손가락 끝에 물을 찍어 내 혀를 서늘하게 하소서 내가 이 불꽃 가운데서 괴로워하나이다"(16:24)

물 한 방울이 얼마나 다급하고 간절했으면 이토록 간절하게 애원하며 매달리겠습니까! 아무리 악한 자라도 이런 부르짖음을 외면할 자는 없을 것입니다. 누구라도 당장 가서 물 한 방울이 아니라 한 사발, 한 통이라도 넉넉하게 채워줄 것입니다.

사람의 마음도 이런데 이런 자를 향한 하나님의 긍휼은 얼마나 크고 대단하시겠습니까! 하지만 이 부자의 애타는 부르짖음에 대한 하나님의 반응은 전혀 달랐습니다. 하나님의 반응은 너무나 싸늘합니다. 하나님은 이 부자의 부르짖음을 단번에 거절하셨습니다. 그리고 더 충격적인 것은 25절에 "네가 이 고통과 괴로움을 당하는 것이 지극히 당연하다"며 그의 부르짖음을 묵살하시는 이유를 말씀하십니다.

  다른 아무 필요도 구하지 않고 단지 "물 한 방울"을 애타게 구하는 이 부자의 부르짖음을 이처럼 야박하게 외면하시는 하나님의 모습은 충격 그 자체라고 밖에 할 말이 없습니다.

  하나님은 평소 우리에게 매일 부르짖으라고 하셨습니다. 무엇이든지 구하기만 하면 다 들어주신다고 약속하셨습니다. 그런데 이 부자의 부르짖음은 왜 외면하시는 것입니까?
  하나님의 입장을 곤란하게 하는 것을 구했습니까?
  부자가 분수에 지나친 것을 구했습니까?
  고작 물 한 방울입니다. 물 한 방울!! 이것도 들어주지 않으시면서 부르짖으라고 하시는 하나님을 여러분은 어떻게 생각하십니까!

  이 부자의 절망감은 우리가 상상도 할 수 없을 만큼 컸을 것입니다.
  왜 하나님은 이다지도 이 부자에게 냉정하신 것입니까!
  이런 하나님의 모습이 행여 나를 향한 모습으로 다가온다면 여러분은 어찌 하시겠습니까?

  잠시라도 우리는 하나님에 대한 오해를 하면 안 됩니다!
  하나님은 이 부자를 이렇게 대하실 수밖에 없는 이유가 있으십니다.

하나님의 목적으로 해결

우리가 믿고 의지하는 하나님은 고통과 절망 속에서 허덕이는 자를 외면하시는 냉정하신 분이 아니십니다. 또한 부르짖으라 하셨기에 부르짖는 자의 음성에 반드시 응답을 주시는 신실하신 하나님이십니다. 하나님에 대한 오해를 가지면 안 됩니다. 하나님은 좋으신 우리의 아버지이십니다. 당신 자녀들의 아주 작은 신음소리까지 놓치지 않으시려고 졸지도 주무시지도 않으시고 귀를 기울이시는 분이십니다.

그렇다면 무엇 때문에 부자의 부르짖음을 외면하셨을까요? 그것은 2가지 이유 때문입니다.

1. 부르짖는 장소가 잘못되었기 때문입니다.

부자가 부르짖는 장소가 어디입니까? 바로 "음부" 지옥 한 가운데입니다. 그래서 하나님께서 외면하셨습니다. 지옥은 부르짖는 장소도, 응답 받을 수 있는 장소도 아닙니다. 지옥은 그 어떤 부르짖음도 외면하시는 장소입니다. 물 한 방울이 아니라 물 0.001의 한 방울이라도 들어줄 수 없는 곳입니다. 그러므로 하나님은 부자의 고통을 외면하신 것이 아니라 '지옥'이라는 형벌의 장소를 외면하셨습니다. 우리는 이 사실을 놓치면 안 됩니다.

지옥은 물 한 방울의 자비도 없는 곳입니다.
지옥은 물 한 방울의 긍휼도 은혜도 존재하지 않는 곳입니다.
지옥은 그 어떤 부르짖음도 외면당하는 곳입니다.

2. 부르짖는 사람이 잘못되었기 때문입니다.

지금 부르짖고 있는 자가 누구입니까? 그는 부자입니다. 그 부자는 어떤 사람입니까? 그는 이 땅에서 세상 향락에 빠져 있었던 사람입니다. 그는 이 세상에서 날마다 파티를 즐기며 호의호식(好衣好食)하는 일에 바빴던 사람입니다. 그래서 그는 하나님을 거부하고 외면했던 사람입니다.

그는 분명 예수님에 대한 복음을 들었을 것입니다. 그에게도 예수님을 전하는 선지자가 있었고 예수님을 영접할 수 있는 기회가 여러 번 주어졌습니다. 그러나 그는 예수님을 영접하고 하나님의 자녀로 거듭날 수 있는 기회를 스스로 외면했습니다. 그는 하나님의 자녀가 되는 일에 관심이 없었습니다. 그의 관심은 오직 먹고 마시며 호화롭게 즐기는 것뿐이었습니다. 결국 부자는 하나님의 자녀가 될 수 있는 기회를 놓쳐 버린 채 이 세상을 떠났습니다. 그리고 하나님의 자녀가 아닌 채로 지옥에 떨어진 것입니다.

하나님께서 부자의 부르짖음을 외면하신 이유를 이제 이해가 좀 되십니까!

그는 하나님의 자녀가 아니었기 때문입니다. 하나님은 당신의 자녀가 아닌 자들의 부르짖음을 절대로 들어 주시지 않습니다. 하나님은 오직 예수 그리스도의 피로 구원 받은 자신의 자녀들의 부르짖음만을 응답하십니다.

하나님께서 부자의 기도를 외면하신 것은 이렇게 명확한 이유가 있었기 때문입니다. 그러므로 하나님께서 오늘 저를 통해서 이 말씀을 전하게 하시는 목적도 분명합니다.
　천국도 지옥도 부르짖음이 필요 없는 곳이기에 지금 이 땅에서 부르짖으라는 음성입니다!

　지금이 부르짖는 시간입니다!
　이 땅은 부르짖음이 절실히 필요한 곳입니다.
　지금 부르짖지 못하는 자는 영원히 그 기회를 놓치는 것입니다!

　예수님을 보십시오. 예수님께서도 이 땅에 계실 때 쉬지 않고 부르짖으셨습니다.
　때로는 밤에, 때로는 새벽에 공생애 사역을 감당하시면서 항상 기도하시는 모습을 우리에게 보여 주셨습니다. 왜 예수님께서 그렇게 기도를 하셨을까요?

　"얘들아, 기도는 이 땅에서 하는 거란다. 기도는 쉬지 말고 하는 거란다."
　"기도는 하나님의 자녀이기 때문에 하는 거란다."
　"기도는 축복 받는 인생을 살기 위해서 하는 거란다."
　바로 이 사실을 우리에게 가르쳐 주시고자 친히 먼저 기도의 모범을 보이신 것입니다.

청중 적용

사랑하는 여러분!

1. 살다보면 이런 말을 내뱉는 분들을 적지 않게 만날 수 있습니다.

"어휴, 힘들어죽겠다! 정말 지금 사는 것이 지옥 같다! 지옥도 이보다는 낫겠다! 언제나 이 지옥 같은 삶을 청산할까?"

많이들 들어보셨거나 이런 푸념을 해 보신 경험들이 있으실 것입니다.

이렇게 말하는 진짜 이유가 무엇이겠습니까?

내 삶에 부족한 것이 너무 많다는 뜻 아니겠습니까?

아무리 자신의 부족을 해결해 보려고 아등바등 몸부림치며 살아보아도 채워지기는커녕 점점 더 궁핍해지고 피폐되어 가는 현실이 너무 절망스럽다는 외침입니다. 괴로워 죽겠다는 탄식의 소리입니다. 그런데 정작 더 큰 문제가 무엇인지 아십니까?

정말 부족하고 급한 것이 한두 가지가 아닌데도 부르짖지 않는다는 사실입니다. 여기서 부르짖지 않는다는 의미는 "하나님을 찾지 않다"는 뜻입니다.

모든 것을 후히 주시고 꾸짖지 아니하시는 하나님께 부르짖으십시오!

2. 이런 분들도 있습니다!

"나는 아무 근심도 걱정도 없다. 나는 부족한 것이 없다. 하나님은 가난하고 지친 자들이나 찾는 것이다. 하나님을 찾는다고 떡이 나오나 돈이 나오나. 참 한심한 자들이다."
　자신이 가진 부와 안락한 환경 때문에 하나님을 찾아서 부르짖을 수 있는 기회를 스스로 거절하는 자들의 어리석은 소리입니다. 이 부자가 이 땅에서 살던 모습입니다. 부가 이 사람들에게는 하나님을 찾지 못하게 방해하는 장애물(화)이 된 것입니다. 만일 지금 이대로 산다면 자신의 미래에 어떤 결과가 온다는 것을 알면서도 그래도 그대로 살 자가 있겠습니까!

　인생은 두 번의 기회가 주어지지 않습니다!
　아직 우리에게 생명을 거두지 않으셨다면 아직 기회를 주신 것입니다.

3. 지금은 부르짖어야 할 때입니다! 하나님을 찾아야 할 때입니다!

　지금 이 때를 놓친 자는 영원히 기회를 놓치게 됩니다!
　우리는 부자의 모습을 보면서 이 사실을 절실히 느낄 수 있습니다.

　1) 예수님을 찾아야 합니다!
　예수님을 잃는 것은 현세와 내세의 모든 것을 잃는 것입니다. 예수님을 잃은 자는 모든 기회를 잃은 자입니다. 예수님을 잃은 자는 부르짖어도 소용없는 자입니다.

　2) 지금이 예수님께 부르짖을 때입니다.
　부르짖음은 이 땅에 있는 동안 주신 특권입니다.

"내 이름으로 무엇이든지 내게 구하면 내가 행하리라"(요 14:14)

예수님은 이 땅에 계시는 동안 예수님께 부르짖는 모든 자의 부르짖음을 외면하신 적이 없습니다. 이는 이 땅에서 부르짖는 자의 필요를 응답하신다는 약속입니다.

우리가 즐겨 부르는 찬양 가운데 이런 가사가 있지 않습니까?

♪ 전능하신 나의 주 하나님은 못하실 일 전혀 없네
　나의 모든 간구도 우리의 모든 생각도 우리의 모든 꿈과 소망도
　신실하신 나의 주 하나님은 우리의 모든 괴로움 바꿀 수 있네
　불가능한 일 행하시고 죽은 자를 일으키시니 그를 이길 자 아무도 없네.

그렇습니다. 하나님은 못하실 일이 전혀 없으신 전능하신 분이십니다. 그분은 우리의 모든 간구도, 우리의 모든 생각도, 우리의 모든 꿈과 소망까지도 다 들어주실 수 있는 분이십니다. 심지어 내가 지금 당하는 괴로움마저도 기쁨과 행복으로 바꿀 수 있는 유일한 분이십니다. 저는 이 하나님을 신뢰합니다. 그래서 날마다 이 하나님께 부르짖습니다. 이 찬양은 하나님께 부르짖는 저의 고백입니다.

♪ 능치 못한 것 주께 없으니 나의 일생을 주께 맡기면
　나의 모든 짐 대신 지시는 주의 영원한 팔 의지해
　주의 영원하신 팔 함께 하사 항상 나를 붙드시니
　어느 곳에 가든지 요동하지 않음은 주의 팔을 의지함이라.

3) 이제 더 이상 예수님을 부르는 일에 지체하지 마십시오! 예수님을 불러야 구원을 받습니다!

"누구든지 예수님의 이름을 부르는 자마다 구원을 얻으리라"(행 2:21)

"예수께서 이르시되 내가 곧 길이요 진리요 생명이니 나로 말미암지 않고는 아버지께로 올 자가 없느니라"(요 14:6)

예수님의 이름을 불러야 필요가 채워집니다!

"너희가 내 이름으로 무엇을 구하든지 내가 행하리니"(요 14:13)

예수님의 이름을 부를 수 있는 기회가 지금뿐입니다. 이 땅을 떠난 자는 누구든지 부르짖어도 소용이 없습니다! 예수님은 그의 부르짖음을 반드시 외면하십니다!

4) 우리에게 당신을 부르는 장소를 주셨습니다.
그곳이 어디겠습니까?
○○교회, 지금 우리가 예배드리는 바로 이곳입니다. 이곳은 하나님을 부르는 지정된 장소입니다. 하나님의 눈과 귀가 항상 머무는 공간입니다. 24시간 우리를 향한 하나님의 관심이 머물러 있는 축복의 장소입니다. 우리의 부르짖음이 응답되는 장소도 바로 이곳입니다. 우리가 부족을 느낄 때마다 찾아야 할 곳이 바로 이곳입니다.

청중 결단

사랑하는 여러분!

아직도 예수님을 부르는 일에 주저하고 계신 분이 있다면 지금 결단하시기를 바랍니다.

오늘 내가 예수님을 불러야 하나님께서도 나를 당신의 자녀로 불러 주십니다. 그것이 구원입니다. 영생을 얻는 길입니다. 영원한 지옥에서 부르짖지 않는 길입니다!

예수님은 당신을 부르는 나의 모든 문제를 해결할 수 있는 열쇠를 가지신 분입니다.

오늘 그분을 부르시고 인생 전체가 새롭게 되는 축복을 누리십시오!

"나는 예수님을 구주로 믿습니다. 나는 예수님의 이름으로 나의 필요가 채워짐을 믿습니다."

06
지우려 지우려 해도

눅 16:25

 **핵심 관점** | 기억하다

여러분! 우리가 알고 있는 기억이란 무엇일까요?
학자들은 기억을 3가지 의미로 정리했습니다.
첫째는 흔적입니다. 남겨진 어떤 자국들입니다.
둘째는 창고입니다. 뭔가를 담아두는 곳입니다.
셋째는 정보처리 체계입니다. 알고 있는 정보를 체계적으로 처리하는 곳입니다.

한 가지 의문점은 우리가 가지고 있는 기억은 시간이 흐르면서 조금씩 지워지고 있다는 점입니다. 왜 그럴까요? 여기에도 두 가지의 이론이 존재합니다.
첫째는 망각 때문이라는 이론입니다. 여기서 망각이란 시간이 지나면서 자연적으로 손실되는 것을 말합니다.

둘째는 간섭 때문이라고 합니다. 간섭이란 A란 기억이 B가 들어오면 B의 간섭을 받아 없어진다는 이론입니다.

우리 뇌 속에는 기억을 담당하는 기관이 있는데 그것을 '해마'라고 부릅니다. 이 해마가 망가지면 기억에 문제가 생긴다고 합니다. 어르신들이 나이가 들어 치매가 발생하는 것도 컴퓨터의 CPU와 같은 "해마"의 가느다란 신경 손상 때문이라고 합니다. 이런 일 외에 보통 "해마"는 오래된 정보는 잊어버리게 하고 새로운 정보는 기억하도록 한다고 합니다.

그러면 여기서 한 가지 질문을 하겠습니다!

"사람의 기억력은 언제까지 존재할까요?"

상식적으로 뇌가 살아있는 한 기억하지 않겠습니까?

뇌의 기능이 정지가 된다면 기억도 지워지거나 소멸되지 않을까요?

가끔씩 주변에서 기억을 잃어버린 사람들의 소식을 듣습니다. 이런 분들의 기억은 어디로 가버린 것일까요?

설교를 위한 관점

오늘 본문에 등장하는 부자를 주목하여 보십시오!

부자는 이미 죽은 자입니다. 그가 죽음을 맞는 순간 그의 뇌가 정지 되었습니다. 모든 기억이나 순간들이 정지되었습니다. 그런

그에게 하나님께서는 이렇게 말씀하십니다.

> "아브라함이 이르되 얘 너는 살았을 때에 좋은 것을 받았고 나사로는 고난을 받았으니 이것을 기억하라"(16:25)

하나님은 부자에게 "이것을 기억하라"고 하셨습니다. 이게 무슨 황당한 이야기입니까?

죽은 자에게 "기억을 하라"고 하시다니, 이해할 수 없는 요구입니다. "기억"을 한다면 그는 죽은 자가 아니라 살아있어야 합니다. 하지만 그는 분명히 죽어서 지옥에 온 자인데 어찌 그가 기억을 할 수 있다는 말입니까! 죽은 자가 기억을 가지고 있다면… 상상을 해보십시오! 말도 안 되는 끔찍한 일입니다. 기억이 살아있다면 대체 죽음은 어떤 의미란 말입니까!

그렇다면 무엇이 진실입니까? 도대체 이 부자는 죽은 자입니까? 살아있는 자입니까?

하나님의 목적으로 해결

둘 다 진실입니다. 이 부자는 죽은 자임과 동시에 살아있는 자이기 때문입니다. 이 부자는 이 땅에서는 육체적인 죽음을 당한 것이 사실입니다. 그의 뇌가 정지 되고 장기들이 정지되어서 그의 몸을 장사를 지낸 자입니다. 하지만 그의 영혼은 죽지 않았습니다. 그의 영혼은 사후의 세계(지옥)에 살아있습니다. 이 부자는 육신의 죽음을 통하여 지옥에 왔고 그 영혼은 지옥에서 영원히 살아있는 자입니다.

하나님은 부자의 모습을 통하여 지옥에 온 자들은 어떻게 살고 있는지를 보여주고 계십니다. 지옥은 예수님만이 알고 계신 곳입니다. 우리는 지옥을 볼 수 없습니다. 그래서 때로는 그곳에 대한 궁금증을 가진 분들도 있습니다. 오늘 이 부자의 모습이 지옥에 있는 자들의 실체입니다.

1. 지옥은 영원히 기억이 지워지지 않는 곳입니다.

문제는 좋은 기억이 지워지지 않는다면 행복을 주겠지만 지옥은 나쁜 기억들, 기억하기 싫은 기억들, 기억하면 고통스런 기억들만이 영원히 떠나지 않고 괴롭히는 곳입니다.

이것은 지옥에 있는 자들에게 주시는 형벌입니다.

> "너는 살았을 때에 좋은 것을 받았고 나사로는 고난을 받았으니 이것을 기억하라 이제 그는 여기서 위로를 받고 너는 괴로움을 받느니라"(16:25)

이 말씀은 나사로가 왜 천국에서 위로를 받는지 기억해 보고 너는(부자) 왜 지옥에서 고난을 받는지 기억해 보라는 뜻입니다.

사랑하는 여인을 만나 결혼하여 자녀를 낳으며 행복했던 기억들, 사랑하는 가족들과 좋은 집에서 맛난 음식을 먹었던 기억들, 좋은 벗들과 아름다운 곳들을 다니며 즐거웠던 기억들….

2. 지옥은 살아 있는 기억 때문에 영원히 고통 받는 곳입니다.

지옥에서 좋은 추억들을 기억한들 그것이 정말 좋겠습니까?

그때와 비교도 되지 않는 지금의 자신의 처지와 모습을 생각하면서 오히려 더 절망적이고, 더 고통스럽고, 더 괴로움만 주지 않겠습니까? 뿐만 아니라 이 땅에서 나쁜 기억들은 더 한스럽고, 더 후회가 되고, 더 아픔만 줄 뿐입니다. 특히 부자는 지옥에서 이런 후회를 하지 않았을까요?

"그때 내가 왜 그랬을까? 왜 그때 내가 그런 행동을 했을까?"

"그때 왜 내가 예수님을 거부하고 싫어했을까?"

"집 앞에 살던 저 거지 나사로가 왜 저렇게 얼굴이 평안한지 한번이라도 물어볼 걸."

지옥은 이렇게 지워지지 않는 기억들 때문에 영원한 후회와 영원한 고통만 존재하는 곳입니다.

3. 우리는 지옥의 실상을 기억하고 절대로 지옥 가서는 안 됩니다.

우리는 지옥을 기억해야 합니다. 이 땅에 사는 동안 지옥이 어떤 곳인지를 기억하고 단 한 사람이라도 지옥에 가지 않도록 지옥을 기억하게 해야 합니다. 만일 부자가 살아 있을 때 지옥을 기억했다면 그대로 지옥에 갔을까요?

청중 적용

사랑하는 성도 여러분!

1. 살면서 죽고 싶다는 생각 한 번 안 한 사람이 없을 것입니다.

그렇다면 기억을 해 보십시오! 그 때가 언제입니까? 기억하고 싶지 않은 것들이 머릿속에서 지워지지 않을 때입니다.

극단적인 선택의 기로의 섰던 사람들이 하나 같이 하는 말들이 "너무 힘들고 고통스러운 현실을 잊고 싶어서 기억을 지우고 싶어서 죽으려 했다"고 합니다.

오래 전에 자신의 집무실에서 뛰어내려 극단적인 선택을 한 기업의 총수는 그 일이 있기 전에 검찰에 끌려가서 밤새워 취조를 받았습니다. 그에게는 그 일이 너무나 부끄럽고 수치스러웠던 것입니다. 그래서 그는 그 기억들을 지워버리기 위해 잘못된 선택을 했습니다.

연예인들의 자살 소식은 이제 아주 흔한 이야기가 되었습니다. 대중들의 박수를 한몸에 받았던 그들이 왜 자살을 하겠습니까?
한마디로 이들을 괴롭히는 기억들을 지우려는 것입니다. 좋은 기억을 가지고 죽음을 선택하려는 자들은 거의 없습니다. 이런 경우를 볼 때에 우리 머릿속에 있는 기억들이 때로는 사람을 죽음으로 몰고 가기도 합니다.

2. 더 큰 문제는 죽음은 우리의 기억을 완전히 지울 수 없습니다.

오히려 죽음과 동시에 우리가 지옥에 던져진다면 이 땅에서 잊고 있었던 모든 기억이 다 되살아납니다. 오히려 죽음은 더 많은 기억을 살려내어 형벌과 고통을 받는 수단이 됩니다.
우리는 장례식에서 이런 말을 들은 기억이 있습니다.

"이제 모든 것 다 잊어버리시고 좋은 곳에서 편히 쉬소서!"

만약 그분이 예수님을 알지 못하고 죽었다면 이 말은 전혀 상관없는 빈말입니다.

1) 정말 이 땅의 고통스런 기억들을 지우려 한다면 지옥에 가서는 안 됩니다!

지옥은 영원히 기억이 지속되는 형벌의 장소입니다. 이 땅의 모든 기억이 영원한 저주가 되어서 나를 괴롭히는 장소입니다. 지옥은 가지 말아야 합니다. 지옥에 그 누구도 보내서는 안 됩니다. 너무나 많은 기억들이 고통을 주기 때문에 지옥은 단 1초도 편히 쉴 수 없는 곳입니다.

2) 기억을 지우려면 천국에 가야 합니다.

천국은 이 땅의 안 좋은 기억이 존재할 수 없는 곳입니다. 천국은 좋은 기억과 행복한 순간들만이 넘치게 기억되는 장소입니다. 근심과 슬픔, 불행과 아픔 그 어느 것도 천국에는 있을 수 없습니다. 지금보다 더 좋은 기억으로 영생하려면 천국의 길로 가야 합니다.

3) 예수님을 기억하십시오!

예수님을 기억하는 자는 절대로 지옥에 갈 수 없습니다. 지옥은 예수님을 기억하지 않는 자들이 고통을 받는 곳입니다. 예수님을 기억하는 것은 예수님께서 나를 위하여 십자가에 죽으시고 부활하사 나의 죄를 사해 주셨음을 기억하고 믿는 것입니다.

지금 예수님을 영원한 구주로 영접하시고 예수님을 나의 믿음으로 주인으로 기억하십시오. 예수님을 믿고 구원의 확신을 기억에 담고 있는 분들은 걱정하지 않아도 됩니다. 예수님은 내가 예수님을 믿음으로 기억하는 순간 예수님께서도 나를 기억하셔서 절대로 나를 떠나거나 버리지 않으십니다.

청중 결단

사랑하는 여러분!
지옥에서는 기억이 지워지지 않습니다.
그 어떤 일이 있어도 지옥만은 가지 말아야 합니다.

여기 있는 분들은 이미 예수님을 기억하고 계신 분들입니다. 아무 걱정 안 하셔도 됩니다. 하지만 아직도 이 땅의 기억들을 담고 지옥으로 달려가는 분들이 우리 주변에는 너무도 많습니다.

오늘 우리가 이분들을 기억하고 이분들이 지옥에 가지 않도록 힘써야 합니다.

가까운 분들부터 기억을 하십시오!
부모나 형제들, 소중한 가족들을 지옥에 보내면 그들은 당신을 기억하고 영원히 저주할 수도 있습니다!

♬ 당신의 그 섬김이 천국에서 해같이 빛나리

07
건널 수 없는 다리
눅 16:26

 **핵심 관점 | 건너다**

얼마 전 우리교회 '어르신 나들이'로 억새풀이 가로수를 대신해 너풀대는 자유로 길을 달려 임진각에 도착했습니다. 많은 중국인들도 관광차 그곳에 들렸습니다. 도착하자마자 맨 먼저 임진각 통일전망대에 올라갔습니다. 황금물결을 이루어 놓은 남한의 들녘은 가을걷이가 한창이었습니다. 또한 강 건너 보이는 북녘의 산들은 오색단풍 옷으로 갈아입어 참 아름다웠습니다. 그러나 이런 주변 자연의 아름다움과는 달리 그곳은 우리 민족의 아픔과 슬픈 역사를 고스란히 담고 있는 분단의 현장이기도 합니다.

통일전망대 맞은편에는 실향민들이 망향의 한을 달래며 고향 산천을 바라보며 제사 드리는 제단도 있었습니다.

그곳 한편에 녹슨 철마도 전시되어 있었습니다. 휴전한 지도 60년이 지났건만 아직도 선명하게 남겨진 녹슨 철마의 총탄자국은 당시의 처참했던 전쟁의 공포와 실상을 고스란히 보여주고 있었습니다. 전시된 녹슨 철마를 보고 나오다가 오른쪽을 보니 끊어진 다리가 보였습니다.

일명 '자유의 다리'입니다. 오래 전 상영되었던 영화 '공동경비구역'(JSA)의 소재가 되었던 다리입니다. 자유의 다리는 출발점은 있지만 도착점은 없습니다. 왜요? 끊어져 버렸기 때문입니다. 한번 걸어보았습니다. 30m 정도 걸어가니 더 이상 갈 수가 없었습니다. 다리는 끊어진 채 철조망이 쳐져 있었고 그 철조망 위로 통일을 기원하는 사람들이 적어 놓은 각종 리본들이 가을바람에 쓸쓸하게 나부낄 뿐이었습니다.

자유의 다리를 보고 나오니 초등학생 저학년 정도의 키를 가진 할머니 한 분이 지나가는 사람들에게 뭔가를 요구하였습니다. 가만히 살펴보니 북한을 자유로이 왕래할 수 있도록 서명운동을 하고 있었습니다. 등이 굽은 그 할머니도 아마 어린 시절은 북한에서 자랐을 것입니다. 죽기 전에 한 번이라도 고향 땅을 밟고 싶어 하는 할머니의 주름진 얼굴에서 분단의 아픔을 느낄 수 있었습니다.

만약에 임진강을 가로질러 남북한을 연결하는 다리가 끊어지지 않고 국민들이 자유로이 왕래할 수 있었다면 이런 슬픈 풍경이 벌어지겠습니까? 끊어진 다리가 다시 이어지지 않는 이상 우리뿐만 아니라 우리의 후손들도 동일한 분단의 고통과 아픔을 경험하게 될 것입니다.

설교를 이끄는 관점

오늘 본문 속에서도 '여기'와 '저기'를 건널 수 없는 끊어진 다리가 존재하는 것을 발견합니다. 부자는 지금 지옥의 뜨거운 불꽃 가운데서 너무나 괴롭고 고통스러워 하나님께 물 한 방울의 자비를 구하고 있습니다. 하나님은 무자비하게 부자의 요구를 단호히 거절하셨습니다. 거절하신 이유를 보면 하나님의 능력을 생각해 볼 때 너무 궁색합니다.

하나님께서 거절하시는 이유를 들어보십시오!

"너희와 우리 사이에 큰 구렁텅이가 놓여 있어 여기서 너희에게 건너가고자 하되 갈 수 없고 거기서 우리에게 건너올 수도 없게 하였느니라"(16:26)

아니, 이게 말이 됩니까?

하나님은 영과 육의 모든 세계를 움직이시는 분이십니다. 지금 하나님께서 건널 수 없다고 말씀하는 그 구렁텅이도 하나님 자신이 만드신 것입니다.

하나님 자신이 만드신 것에 당신 스스로 제한을 받으신다는 말은 모순이 있습니다.

구렁텅이를 건널 수 없어서 물 한 방울의 자비도 베풀 수 없다는 것은 부자에게 물 한 방울의 자비도 베풀지 않으려는 하나님의 핑계처럼 들립니다.

다른 엄청난 것을 요구하는 것이 아닙니다. 그저 물 한 방울입니다. 물 한 방울의 자비도 베푸시지 않는 분이 하나님이시라면 누가 이 하나님을 믿으려 하겠습니까!

더구나 당신이 주관하시는 세계를 건널 수 없다는 핑계로 거절을 하시다니 누가 들어도 하나님에 대한 오해를 갖게 하거나 이해할 수 없는 말입니다.

하나님의 목적으로 해결

하지만 이것은 하나님의 핑계가 아닙니다.

하나님은 물 한 방울의 자비마저 외면하시는 인색하신 분이 아니십니다. 하나님께서 부자의 요구를 거절할 수밖에 없는 이유가 있으시기 때문입니다.

그것은 바로 약속 때문입니다. 하나님이 만드신 약속을 스스로 지키시려는 것입니다. 그렇다면 하나님이 만드신 약속은 어떤 것일까요?

지옥에서 천국으로 건널 수 있는 곳은 바로 이 땅에서만 가능하게 한 약속입니다.

히브리서 9장 27절에 하나님이 만드신 약속의 말씀이 있습니다.

"한번 죽는 것은 사람에게 정해진 것이요 그 후에는 심판이 있으리니"

이 땅에 사는 동안에는 얼마든지 천국으로 건널 수 있는 기회가 있었습니다. 하지만 이 부자는 건널 수 있는 기회를 놓쳤습니다. 그 결과 심판이 그에게 온 것입니다. 그 심판은 지옥의 고통이요, 그가 거하는 지옥은 아무도 건널 수 없는 곳이기에 물 한 방울의 자비도 건네받을 수 없는 처지가 된 것입니다.

다시 한번 상기해야 합니다!

1. 하나님이 만드신 약속대로라면 사람은 반드시 죽습니다.
이 땅에 온 어떤 사람도 죽음을 피할 자는 없습니다. 가난한 자나 부한 자, 종이나 왕이라도 반드시 죽습니다. 우리는 이 사실을 알지만 잊고 살아갑니다.

2. 하나님이 만드신 약속대로라면 사람은 죽은 후에 심판을 받습니다.
죽은 자들이 받는 심판은 두 가지입니다. 천국에서 영생을 누리는 복된 심판과 지옥에서 영벌을 받는 형벌의 심판, 저주의 심판입니다. 이 하나님의 심판을 피할 자는 아무도 없습니다.

3. 하나님이 만드신 약속은 죽은 이후에 천국과 지옥을 가로막고 있는 구렁텅이는 절대로 건널 수 없습니다.
부자가 아무리 몸부림치면서 자비를 구해도 구렁텅이는 절대로 건너갈 수 없습니다. 하나님이 세우신 약속 때문에 그는 지옥에서 영원히 형벌받을 수밖에 없습니다.

　이것이 바로 하나님이 스스로 세운 약속이고 법입니다. 이 법에 따라 부자는 심판을 받았고 물 한 방울의 자비도 외면당한 채 괴로워하고 있습니다. 만약 하나님이 만드신 이 법칙을 스스로 무너뜨리고 천국과 지옥 사이를 가로막고 있는 구렁텅이를 건너게 하신다면 창세 이래 하나님이 만드신 모든 법칙은 엉망이 되고 하나님은 거짓말쟁이가 됩니다.

청중 적용

　사랑하는 성도님 여러분!
1. 현대인들 가운데 이런 생각을 하고 있는 사람이 의외로 많습니다.
　"죽은 이후에도 얼마든지 좋은 곳에 갈 수 있다." 그래서 이 땅에 남겨진 자들이 세상을 떠난 고인이 좋은 곳에 가도록 뭔가를 하면 얼마든지 가능하다고 생각합니다. 이런 사람들의 심리는 장례를 치르는 과정에서 잘 나타납니다.

　1) 고인을 입관할 때에 수의를 입힌 후에 노잣돈이라면서 가슴에 넣어줍니다. 옛날에는 엽전 하나를 넣으면서 천 냥, 두 개를 넣으면서 이천 냥, 세 개를 넣으면서 삼천 냥이라고 불렀습니다. 그러나 요즘에는 엽전을 넣는 것이 아니라 아이들이 갖고 노는 장난감 돈을 넣어주기도 합니다.

2) 요즘에는 보기 드물지만 입안에 쌀도 넣어 주었습니다. 좋은 곳에 갈 때에 배고프지 말라고…. 그래서 한 숟가락을 입에 넣어주면서 "천 석이요", 두 숟가락 넣으면서 "이천 석이요", 세 숟가락 넣으면서 "삼천 석이요"라고 외쳤습니다.

3) 또한 좋은 곳에 가서 극락왕생하라고 색지로 화려하게 수의 위에 연꽃 모양을 만들어 머리에서 다리까지 꾸며 주기도 합니다.

4) 어디 이것뿐이겠습니까? 고인의 기일을 맞이하여 정성껏 음식을 준비하여 제사상을 차리고 그 음식을 먹기 위해서 오는 조상귀신이 걸려 넘어질까봐 마당에 있는 빨랫줄도 다 걷습니다. 또한 죽은 자가 좋은 곳에 가라고 그의 공덕을 대신 쌓아줍니다. 그의 이름으로 절에 희사한다거나 그의 이름으로 어떤 의미 있는 일을 합니다.

예화 1)

작년 6월에 이건희 회장의 장모인 故 김윤남 씨가 죽었습니다. 그는 아주 독실한 원불교신자였습니다. 그의 자녀들이 삼성 이건희 회장의 부인인 홍라희 여사를 비롯해 홍석현 중앙일보 회장 등 6남매가 쟁쟁한 기업인들이라서 장례식 자체가 어마어마했습니다. 고인은 죽으면서 현금 100억 원을 포함해 주식과 콘도 회원권 등 168억 5천만 원의 유산을 남겼습니다. 자녀들은 어머니가 남기고 간 유산을 어떻게 할 것인가 가족회의를 했습니다. 그리고 그 많은 돈을 10원 하나 남기지 않고 모두 원불교

서울교구 원남교당에 전액 기부했습니다.

여러분, 자녀들이 왜 이렇게 엄청난 돈을 원불교 재단에 기부했다고 생각하십니까? 돌아가신 어머님이 좋은 곳에 가도록 하기 위함입니다. 그래서 그의 빈소 정면에는 '생사해탈', '무량공덕'이라는 큰 글자를 선명하게 새겨 놓기도 했습니다. 원불교는 윤회설을 믿는 종교입니다. 윤회는 끝이 없이 돌고 돈다는 교리입니다. 그래서 이 땅에서 공덕을 많이 쌓아놓으면 저 세상에서 좋은 곳으로 갈 뿐만 아니라 다시 환생하여 이 땅에서 또 다른 좋은 생을 살게 된다는 허상을 따릅니다.

5) 또 어떤 사람들은 죽기 전에 살아있을 때에 자기를 위하여 선과 공덕을 많이 쌓습니다. 왜냐하면 좋은 일 많이 해야만 좋은 곳에 갈 수 있다는 막연한 생각을 갖고 있기 때문입니다. 뿐만 아니라 좋은 곳에 가기 위해서 다른 사람에게 악하게 하지 않으려고 애를 씁니다. 누군가 잘못된 일을 당하면 하늘에서 벌을 받았다고 말합니다.

6) 심지어 좋은 묏자리를 찾고 납골당에서도 눈높이의 햇빛이 잘 비치는 곳에 고인의 유골함을 모시려고 합니다. 이 모든 것이 후손이나 자신이 이 땅에서 어떻게 하느냐에 따라서 죽은 자도 더 좋은 곳으로 건너갈 수 있다고 막연하게 생각하기 때문입니다.

그러나 여러분! 이것은 어디까지나 사람들의 생각일 뿐입니다. 이렇게 말하는 자들의 말들을 들어보십시오. 이들이 말하는 "좋은 곳"이 구체적으로 어디를 말하는 것입니까? "극락"은 어디에 존재하고 그곳은 어떤 곳인지 아는 자가 있긴 합니까? 법도, 질서도, 원칙도 없습니다. 좋으면 좋다는 식입니다. 그래서 무조건 착하게 살고 좋은 일 하면 죽어서도 좋은 곳에 갈 수 있다고 믿는 지극히 도덕적인 생각일 뿐입니다.

2. 죽은 자들에게 좋은 곳은 오직 천국뿐입니다!

천국에 가지 않은 자들은 모두 지옥에 갑니다! 우리는 이 사실을 믿음으로 확신해야 합니다. 그래서 예수님은 천국과 지옥을 보여주고 계십니다. 실제 존재하는 곳임을 믿게 하기 위함입니다.

1) 천국으로 건너가지 않으면 지옥으로 갑니다.

아무리 착하게 살아도, 아무리 많은 돈을 기부하고 별짓을 다 해도 소용없습니다. 천국으로 건너지 않고 죽은 자들은 모두 지옥으로 갑니다. 우리는 모두 죄인이기 때문입니다. 지옥으로 갈 수밖에 없는 현실이 우리의 인생이기 때문입니다.

2) 천국으로 건너는 길(다리)은 오직 예수님입니다.

"예수께서 이르시되 내가 곧 길이요 진리요 생명이니 나로 말미암지 않고는 아버지께로 올 자가 없느니라"(요 14:6)

예수님을 믿어야 천국으로 건널 수 있습니다. 예수님이 나를 위하여 십자가에 죽으심을 믿고 예수님을 구원의 유일한 주로 영접하면 지옥에서 천국으로 건너갑니다. 믿고 고백하는 즉시 건너갑니다.

3) 기회는 지금입니다.

지금 여기서, 이 땅에 사는 동안에만 건널 수 있습니다. 만일 이 기회를 놓친다면 영원히 기회는 다시 주어지지 않습니다. 오늘 건너야 합니다. 지금 건너야 합니다. 오늘 이 음성을 외면한다면 영원히 후회할 수도 있습니다!

청중 결단

아직도 천국으로 건너지 못한 분들이 있다면 이 찬양을 하시면서 결단하시기 바랍니다.

> ♪ 보혈을 지나 하나님 품으로, 보혈을 지나 아버지 품으로
> 보혈을 지나 하나님 품으로 한 걸음씩 나가네.

하나님 아버지가 계신 곳은 참 좋은 곳입니다. 그곳은 바로 천국입니다.

천국은 이 땅에서 길 되신 예수님을 나의 구주로 영접해야만 갈 수 있습니다.

이미 예수님을 영접한 분들은 내 주변에는 천국으로 갈 수 있는 다리가 끊어진 자들이 많음을 기억해야 합니다. 연로한 나의 부모님, 나의 골육인 형제들, 심지어 내 사랑하는 남편과 아내가 참 좋은 곳인 천국으로 가는 다리를 건너지 못했습니까? 심지어 너무나 사랑스런 내 자녀들조차도 천국으로 가는 십자가의 다리

를 건너지 못했습니까?

우리가 저들이 십자가의 다리를 건너도록 도와주어야 합니다.
가장 급한 분들이 불신 부모들입니다.
저들에게 십자가의 다리를 건널 수 있는 시간이 많지 않습니다.
언제 저들이 호흡이 끝날지 모릅니다. 급합니다.
때를 얻든지 얻지 못하든지 빨리 찾아가야 합니다.
그리고 길이요 진리요 생명 되신 예수님을 전해야 합니다.

기회는 오직 이 땅에 생존해 있을 때만 가능합니다. 저들의 생명이 끝나면 그 후에는 심판과 더불어 영원한 지옥행이 기다리고 있습니다. 오늘 부자의 모습을 통해서 알 수 있듯이 그곳에 가면 큰 구렁텅이가 가로막혀 있어서 절대로 천국으로 건너갈 수 없습니다. 지금 전해야 합니다. 당장 달려가야 합니다!

08
제발 부탁입니다!

눅 16:27~31

 **핵심 관점 | 보내소서**

몇 년 전 모 대학교에서 오랫동안 교수로 지냈던 한 원로 교수님이 환상 중에 천국과 지옥을 보고 왔습니다. 그런 후에 [내가 본 지옥과 천국] 제목으로 출판하였습니다. 그 책은 평범한 일반인이 쓴 것이 아니라 신학생을 가르치며 평생을 신학에 몸을 바친 신학자가 쓴 책이었기에 많은 사람들에게 공감과 신뢰를 갖게 했습니다. 실제로 많은 사람들이 그 책을 통해서 천국과 지옥의 실재를 믿었고 믿지 않는 자들에게도 많은 도전을 주었습니다.

간혹 이와 유사한 간증은 지금도 우리가 자주 접하는 YouTube에 차고 넘칩니다.

얼마나 많은 사람들이 이와 유사한 체험을 했는지 YouTube에 검색해 보시면 알게 됩니다. 이런 영상들을 통해서 영적 세계에 대한 호기심을 갖게 하는 긍정적인 면도 있지만 반면에 부정적인 문제도 적지 않습니다. 그것은 천국과 지옥을 경험한 사람들의 이야기가 똑같지 않다는 점입니다.

그러므로 이런 간증들은 어디까지나 그분들의 개인적인 체험이지 보편화된 진리라고 주장할 수는 없습니다. 또한 성경에서 말씀하시는 천국에 대한 이야기가 아니면 아무리 솔깃한 간증을 한다 하더라도 참조할 뿐이지 그것을 100% 믿고 신뢰하는 것은 문제가 있습니다.

설교를 이끄는 관점

저는 지난 7주 동안 누가복음 16장 [부자와 나사로]의 이야기를 통해서 천국과 지옥에 대한 메시지를 전했습니다. 이제 오늘이 마지막 설교입니다.

그런데 여러분이 분명히 알아야 할 사실은 제가 지난 7주 동안 전한 설교가 천국과 지옥에 갔다 왔다고 YouTube에서 간증하는 분들보다 더 분명하고 확실하게 천국과 지옥을 전했습니다. 성경에 있는 대로를 전했기 때문입니다. 저는 오직 성경에서 전하고 있는 천국과 지옥의 실제를 전했습니다. 그러므로 이 메시지를 천국과 지옥에 갔다 와서 전하는 분들의 간증보다 더 신뢰하고 더 분명한 진리라는 믿음을 가지시기 바랍니다.

오늘 우리가 만나게 될 부자의 모습은 지금까지 살펴 본 부자의 모습과 좀 다릅니다. 지금 그의 모습은 너무도 애타고 간절합니다. 그의 이런 간절함은 27-28절에 나와 있습니다.

> "이르되 그러면 아버지여 구하노니 나사로를 내 아버지의 집에 보내소서 내 형제 다섯이 있으니 그들에게 증언하게 하여 그들로 이 고통 받는 곳에 오지 않게 하소서"

이 부자는 자기가 지옥에 와서 살아보니 이곳은 절대로 오면 안 되는 곳이라는 사실을 알리고 싶어 합니다. 그래서 아직도 이 땅에 남아 있는 자신의 다섯 형제들은 제발 이곳 지옥에 오지 않도록 막아달라고 합니다.

이 일을 위해서 아브라함의 품에 있는 나사로를 보내 달라고 요청하고 있습니다. 저 나사로가 가서 전하면 우리 형제들이 듣고 분명히 지옥에 오지 않을 것이라고 부자는 믿고 있습니다. 부자는 이 땅에 살면서 단 한 번도 하나님을 아버지로 불러 본 적이 없는 사람입니다. 그런데 부자는 지금 애타게 아버지 하나님을 향하여 눈물로 호소합니다.

"아버지 아브라함이여! 제발 부탁입니다!! 내 형제들이 이곳에 오지 않도록 저 나사로를 좀 보내 주세요. 제발 부탁합니다."

부자는 온 마음을 다하여 절박한 심정으로 처절하게 부르짖고 있습니다.

이 부자의 요구를 가만히 살펴보면 매우 합리적이고 성공률이 아주 높은 전도방법입니다.

부자의 형제들은 부자가 살아 있을 때에 그의 집을 오고 가면서 대문 칸에서 구걸하는 나사로를 보았기에 그의 얼굴을 잘 알고 있습니다. 그래서 부자는 나사로가 자기 형제들에게 가서 자신의 이 고통스러운 지옥의 현실을 이야기 한다면 설득력이 100%라고 확신했습니다.

이런 요구는 반드시 들어주셔야 합니다.
자신의 형제들이 지옥에 오지 않도록 전도하고 싶다는 부자의 생각이 얼마나 기특합니까! 그것도 지옥에서 전도하는 부자의 뜨거운(?) 가슴이 얼마나 대단합니까!
나사로를 보내는 것은 당연할 뿐만 아니라 나사로 외에도 필요한 자들이 있으면 모두 다 보내야 합니다. 그렇지 않습니까?

지금 부자가 전도하기 위해서 작정한 태신자는 한 사람이 아니라 형제 다섯 명입니다.
한번 생각해 보세요. 이들은 모두 결혼했을 것입니다. 이들 형제 모두 부자니까 얼마나 자녀들이 많겠습니까? 그리고 이들과 호의적으로 대하며 친했던 사람들까지 합치면 적어도 30-40명은 족히 넘을 것입니다. 이 정도 인원이라면 개척교회 하나 세우고도 남습니다.
어디 그것뿐이겠습니까? 이들은 부자입니다. 부자가 제대로 예수 믿으면 그들이 가진 물질이 얼마나 하나님의 영광을 위해서 귀하고 아름답게 쓰이겠습니까!

그러므로 주저할 필요가 없습니다. 바로 보내야 합니다.

"오~ 그래 부자 너 지옥에 오니 정신 차렸구나. 내가 네 소원대로 나사로를 바로 보내주마." 이런 격려의 음성과 함께 부자의 형제들에게 나사로를 얼른 보내어 천국과 지옥의 실상을 전하도록 해야 합니다.

하지만 하나님은 단호하게 "NO" 하셨습니다.
아니 세상에, 정말 실망스런 하나님의 음성입니다.

1. 예수님은 평소에 한 영혼의 가치와 귀중함 그리고 영혼 구원의 시급성을 누누이 강조하셨습니다.

"한 영혼이 천하보다 귀하다." 그런데 지금 부자 형제들의 집안에 천하보다 귀한 영혼이 몇 명입니까? 어림잡아도 30명은 족히 넘습니다. 이들이 지옥에 오는 것을 막고자 하는데 왜 보내지 않으려고 합니까?

2. 전도의 효과 면에서 한번 생각해 보세요.

우리가 가서 예수 믿으라고 전하는 것이 낫겠습니까 아니면 내세에서 직접 온 자들이 가서 전하는 것이 낫겠습니까? 그런데 왜 하나님은 보내지 않으십니까!

3. 하나님께서 독생자 예수 그리스도를 이 땅에 보내신 이유가 무엇입니까?

지옥 갈 영혼들을 구원하여 천국으로 데려가기 위함 아닙니까? 그런데 형제들이 지옥에 오는 것을 막아 달라는 부자의 요구를 하나님은 무엇 때문에 거절하십니까!

실망스런 대답을 들은 부자는 다시 한번 더 간절히 부탁을 합니다.

"이르되 그렇지 아니하니이다 아버지 아브라함이여 만일 죽은 자에게서 그들에게 가는 자가 있으면 회개하리이다"(30절)

부자의 생각에도 나사로만 간다면 틀림없이 형제들이 지옥에 오지 않을 수 있다는 확신을 전합니다. 부자는 자신의 형제들을 누구보다도 잘 알기 때문입니다. 하지만 주님의 대답은 역시 "NO", 안 된다고 하셨습니다.

이런 냉정하신 하나님의 모습을 보면서 여러분은 어떤 생각을 하십니까!
지금 전도할 수 있는 100% 기회가 왔는데 "NO"라고 말씀하시는 하나님을 보면서 실망뿐 아니라 좌절감마저 듭니다.

부자의 요구대로 나사로를 보내야 합니까? 말아야 합니까?
(대답이 필요한 질문입니다. 한 2명쯤에게 물어보십시오)
무참히 자신의 요구가 거절당한 부자의 심정은 무엇으로도 표현할 수 없을 정도로 참담했습니다.

하나님의 목적으로 해결

부자의 애타는 요구를 단호하게 거절하시는 하나님은 어떤 분이십니까?

한 영혼을 지옥에 보내지 않으시려고 자기의 아들을 직접 이 땅에 보내신 분이십니다.

하나님은 부자의 간절한 애원에 대해서 이렇게 대답합니다. 29절을 보세요!

"그들에게 모세와 선지자들이 있으니 그들에게 들을지니라"

여기서 말하시는 모세와 선지자들은 도대체 누구일까요? 한마디로 복음을 전하는 전도자들입니다. 하나님은 이 땅에서 전도자들에게 복음을 들어야 천국에 올 수 있음을 말씀합니다. 하나님은 자신의 뜻을 선포하시면서 천국복음을 전하는 자들을 시대마다 각각 다른 옷을 입혀서 보냈습니다.

구약 시대에는 누가 있습니까?

1. 모세가 있었습니다.

모세는 출애굽 과정과 광야 40년의 여정 가운데 하나님의 언약 백성들을 이끌었던 지도자입니다. 하나님은 모세를 통해서 자신의 뜻을 백성들에게 전하셨습니다. 모세는 하나님의 말씀을 전하는 하나님의 대변자였습니다.

2. 선지자들이 있었습니다.

하나님은 모세 이후에는 다양한 계층의 다양한 선지자들을 세웠습니다. 그리고 자신의 뜻을 선포하게 하셨습니다. 하나님은 자신을 불신하며 마음을 아프게 했던 자들에게 선지자들을 보내 하나님께로 돌아오도록 했습니다.

3. 그래도 백성들이 돌아오지 않자 하나님이신 예수님이 직접 인간의 몸을 입고 이 땅에 전도자로 오셔서 천국 복음을 선포하시다가 십자가에 죽으시고 부활 승천하셨습니다.

예수님은 우리를 지옥 보내지 않으시려고 이 땅에 직접 오신 하나님이십니다. 예수님은 이 땅에 계시는 동안 천국 복음을 전파하셨고 십자가로 지옥의 권세를 깨뜨리셨습니다.

4. 그리고 지금은 자신의 몸 된 교회에서 전도자들을 세워 천국복음을 선포하게 하십니다.

그들에게 모세와 선지자들이 있다고 말씀하시는 것은 매우 중요한 의미를 담고 있습니다. 그것은 천국에 있는 자가 다시 이 땅에 오지 않아도 천국과 지옥의 복음을 전하는 곳과 전도자들이 이 세상에는 많기에 그들에게 들으면 된다는 말씀입니다.

그렇다면 천국과 지옥 복음을 전하는 곳이 어디입니까? 바로 교회입니다. 교회는 천국 백성들이 모인 공동체입니다. 헬라어로 교회는 '에클레시아'라 하며 '불러내어 따로 모은 무리'라는 뜻입니다. 세상에서 방황하는 백성들은 불러내어서 천국백성으로 모아놓은 공동체가 바로 교회입니다.

교회의 사명은 복음을 전하는 일입니다.
교회는 예수 천당, 불신 지옥의 복음을 전하는 곳입니다. 그러기에 교회는 끊임없이 전도자를 세워야 하고 세상 속으로 보내어 복음을 전하도록 해야 합니다. 하나님은 지옥 가는 백성들이 아무리 안타깝고 불쌍해도 교회와 전도자들을 세워 "전도"라는 미련한 방법을 통해서 지옥 가는 길을 막으시고 천국으로 인도하십니다.

만일 하나님께서 이 방법을 무시하고 천국에 있는 자들을 다시 이 땅에 보내어 복음을 전하게 한다면 교회는 사명을 잃어버리게 되고 결국은 교회도 무너지게 됩니다.

그래서 나사로를 보내지 않아도 하나님이 세운 전도자들을 통해서 부자의 형제들에게 가서 복음을 전하게 하셨습니다. 부자의 형제들이 전도자들이 전하는 복음을 듣지 않으면 나사로가 설령 다시 가서 전한다 해도 듣지 않을 자들입니다.

예화1)

어느 불신자가 심판대 위에 섰습니다.

"너 왜 예수 안 믿었느냐?"

"저는 세상에서 한 번도 누구에게 전도 받아 본 적이 없습니다."

"그래! 그러면 네가 평소에 잘 다니는 길 옆에 교회나 십자가는 보았겠지?"

"예! 매일 그 옆으로 지나다녔습니다."

"네 이놈! 네가 늘 보고 지나다녔던 그 교회는 너에게 예수 믿으라는 나의 신호였다! 그런데 너는 그 신호를 무시해 버렸어! 그래도 할 말 있느냐?"

그렇습니다. 교회가 세워지는 것만으로도 전도입니다. 불신자는 교회를 보는 것만으로도 복음을 받았기에 핑계할 수 없습니다. 누구나 버스 정류장, 지하철역, 길거리, 터미널, 병원 등에서 전도자가 전도하는 음성이나 전도지를 평생에 한 번 이상은 만나게 됩니다. 이것은 모두 하나님이 자기 백성들을 찾으시려고 보내신 전도자의 외침들입니다.

우리교회도 화요일과 목요일 오후에 전도지를 나누면서 전도를 합니다. 그런데 여러분, 전도지를 받고 예수 믿을 사람이 있을 것 같습니까?

전도지를 돌리는 것이 미련하게 보이는 것 같지만 하나님은 이 방법을 통해서 지옥 가는 백성들을 천국으로 인도하십니다. 그래서 전도지 한 장이 정말 중요합니다. 전도지 한 장은 한 생명을 영원한 천국으로 인도하는 그리스도의 편지입니다.

어디 전도지뿐이겠습니까?

지하철에서, 아파트 단지 내에서, 길거리에서, 군대와 형무소를 찾아가서 복음을 전하는 전도자들은 불신자들에게 예수님을 영접할 기회를 주기 위해 하나님이 보낸 자들입니다. 뿐만 아니라 여러분이 교회 올 때 들고 오시는 성경과 교회 지붕 위에 세워진 십자가 그리고 호텔방에 비치된 기드온 성경 1권도 "너 오늘 밤이 마지막이 될 수 있으니 예수님을 영접하고 천국 갈 길을 준비하라"라는 복음이 담긴 전도의 도구들입니다.

청중 적용

사랑하는 성도 여러분!
1. 지금 이 시간에도 지옥에서는 이 부자처럼 예수님을 믿지 않는 가족들 때문에 발을 동동 구르며 애간장을 태우는 자들이 너무나 많다는 사실을 아셔야 합니다.

그곳에서 이들은 모두 부자처럼 절규하며 외치고 있습니다.
"사랑하는 아들 딸들아! 내가 마귀에게 속았어. 내가 마귀에게 속아서 이곳에 오니 너무 고통스럽고 힘들다. 이곳은 죽을 수도 없는 곳이다. 그러니 제발 부탁이다. 예수님을 믿고 천국에 가거라! 제발 부탁한다. 제발 이곳 지옥만은 오지 마라, 제발 지옥만은 오지 마라!"

지옥에서 이렇게 처절하게 외치는데 우리는 관심이 없습니다.
"알아서 믿겠지, 먹고 사는 일이 바쁜데 어떻게 예수 믿으라고 해, 시간은 얼마든지 있어 나중에 기회가 되면 믿겠지…."
지옥이 어떤 곳인가를 아는 우리들이 지옥으로 가는 자들을 향하여 침묵하는 것은 너무도 무서운 죄를 짓는 일입니다. 부자와 같은 결말을 알면서도 그냥 있는 것은 너무도 끔찍한 죄악입니다.

우리가 방심하고 있는 사이 이단들이 지옥으로 끌고 가고 있습니다!
신천지, 하나님의 교회(안상홍 증인회), 여호와의 증인 등 각

종 이단들이 영혼을 유혹하여 지옥으로 끌고 가고 있습니다. 이들은 부자가 그토록 오지 말라고 부르짖으며 절규하는 그 지옥으로 우리의 형제와 가족 그리고 친구들을 끌고 가고 있습니다.

2. 어떻게 하시겠습니까? 그래도 아직은 아니라고 망설이시겠습니까!

빨리 달려가야 합니다. 주저할 시간이 없습니다. 지금 바로 가야 합니다.

주님은 여러분을 여러분 가문의 전도자로 세웠습니다.
주님은 여러분을 여러분 직장의 선교사로 보내셨습니다.
주님은 여러분을 이 시대의 복음 선포자로 세웠습니다.

이제는 나가십시오. 그리고 외치십시오!
"예수 믿으세요!"
"예수 안에 생명의 길이 있습니다."
"예수님을 믿어야만 영원한 천국에 갈 수 있습니다."
"예수를 믿지 않으면 지옥에 갑니다."

오늘의 한국교회는 탈도 많고 말도 많고 세상으로부터 핍박도 많습니다.

다른 종교에 대해서는 배타적인 시각으로 교회를 비난하기도 합니다. 헌금을 빌미로 교회를 폄하하기도 하고 이단들을 건전한 교회와 같은 집단으로 보고 부정적인 시각을 노골적으로 드러내기도 합니다.

그럼에도 불구하고 부인할 수 없는 것은,

교회는 구원을 이루는 이 땅의 유일한 공동체입니다.

교회가 없으면 구원도 없습니다. 그래서 하나님은 교회를 통하여 전도자를 보내시고, 교회를 통하여 불신자를 부르시고 믿게 하시며, 교회를 통하여 신자들이 천국에 가도록 성장을 이루어 가십니다.

청중 결단

하나님께서 왜 우리교회를 이곳에 세웠을까요?

우리 주변에 예수님을 믿어야 할 형제 다섯 명이 있기 때문입니다. 우리교회를 통해서 천국에 갈 자들이 있기 때문입니다. 주님은 이 일을 저와 여러분에게 맡겼습니다.

주변을 돌아보십시오. 교회에 다녔다가 낙심한 자들이 많이 있습니다. 시험에 든 자, 좌절한 자, 교회를 기피하는 자들이 너무 많습니다. 저들의 무너진 신앙을 바로 세워야 할 사명이 우리에게 있습니다.

하나님은 오늘 바로 우리가 당신이 보낸 전도자의 음성이 되기를 원하십니다. 하나님은 우리교회가 복음 전도의 사명을 감당하는 공동체가 되길 원하십니다.

방법은 중요하지 않습니다. 가서 주님이 보낸 자의 소리를 내십시오. 가서 전하기만 하면 됩니다. 책임은 주님이 지십니다.

지금까지 전도설교 8번을 했습니다.
결론은 하나입니다. 복음을 전하십시오.

부모, 형제, 친척, 이웃, 직장 동료들에게 가서 복음을 전하면 주님께서 여러분 가정의 모든 필요를 채우실 뿐만 아니라 여러분의 남은 인생을 더욱 풍성하게 축복해 주실 것입니다. 할렐루야!!

09
초청주일설교
나도 행복할 수 있습니다
눅 15:11~24

 핵심 관점 | 아버지에게 가서

이 세상에는 많은 기회들이 존재합니다. 이 기회를 붙잡는 자는 성공과 행복을 누릴 수 있지만 기회를 놓치는 자는 늘 안타까운 마음으로 살 수밖에 없습니다.

오늘 소개하려는 한 사람도 이런 성공과 행복을 꿈꾸던 사람 중의 한 사람이었습니다. 그는 아버지의 그늘에서 벗어나 자신의 뜻대로 무엇인가를 해보고 싶은 욕망이 있었습니다. 그러던 어느 날 아버지를 설득하여 재산을 나누어 받고 아버지의 영향이 미치지 않는 먼 곳으로 떠났습니다.

낯선 타국에 도착한 이아들은 주변의 환경도 익히고 무엇을 할 것인가 궁리도 할 겸 당분간 쉬어가면서 천천히 일을 하리라 생각하고 주머니에 가득한 돈을 보면서 그동안 아버지의 눈치를 보며 쌓였던 스트레스를 풀기 시작했습니다.

얼마나 즐겁고 재미났겠습니까?
평소에 먹어보지 못했던 맛있는 음식, 새로운 사람들, 주변의 구경거리들…. 돈이 있기에 시간도 세월도 그다지 피부에 와닿지 않았습니다.

하지만 '신선놀음에 도끼자루 썩는 줄 모른다'는 말처럼 어느 날 정신을 차리고 보니 빈털털이 신세였습니다. 다급한 그는 평소 잘 먹고 잘 놀 때 알고 지내던 사람들을 찾아가서 도움을 청합니다. 그러나 아무도 아는 척도 하지 않습니다. 오히려 손가락질을 하면서 문전박대 합니다. 그는 기가 막혔습니다.

설상가상으로 흉년까지 겹치니 신세는 더욱 절망적이었습니다. 돈도 사람도 모두 그를 떠나고 그는 거지 중에 상거지가 되어서 이집 저집을 돌아다니며 먹을 것을 구걸했지만 쉽지 않았습니다. 그는 하는 수 없이 먹고는 살아야 했기에 어느 집에 빌붙어서 돼지를 돌보는 막일을 했습니다. 하지만 어찌나 배가 고프던지 돼지의 식량인 쥐엄 열매라도 먹고자 하나 그것마저 넉넉히 주는 자가 없었습니다. 집 떠나면 개고생이라는 말처럼 한심스런 존재였습니다.
자신이 이런 생활을 할 것이라고는 꿈에도 생각해 본 적이 없었습니다.

이 사람이 이런 고생을 하게 된 이유가 무엇일까요?

우리가 생각하는 것처럼 이 사람도 자신의 문제의 원인을 찾았습니다.

바로 아버지를 떠난 것이 문제였습니다! 이 아들의 후회처럼 아버지를 떠나고 아버지 집을 떠난 것이 문제였습니다.

"내 아버지에게는 양식이 풍족한 품꾼이 얼마나 많은가 나는 여기서 주려 죽는구나"(15:17)

아버지 곁에 있었더라면, 아버지 집에 계속 머물렀더라면 지금 자신이 겪고 있는 이 아픔과 비참함은 겪지 않아도 되었다는 것을 뒤늦게 깨달았습니다.

아버지가 없어도 행복할 수 있고, 아버지가 없이 자신의 힘과 노력으로도 성공할 수 있다고 믿었던 자신의 어리석음을 깨달은 이 사람은 한 가지를 결단합니다.

"내가 일어나서 아버지께 가리라. 가서 잘못을 고하고 이제는 아들이 아니라도 좋으니 종으로라도 아버지와 살겠노라"고 결심하고 아버지께 돌아갑니다.

거지꼴로 더럽고 추잡하게 망가져 버린 아들은 아버지의 집을 향하여 무거운 발길을 옮겼습니다. 그리고 아버지의 집에 다다랐을 때 누군가 한걸음에 달려와서 자신을 끌어안고 울부짖습니다.

바로 아버지였습니다!

이 아들이 이런 상황을 상상이나 했겠습니까?
당황하고 어찌할 바를 모르는 이 아들에게 아버지는 얼굴을 쓸어내리며 눈물로 아들의 귀향을 환영합니다. 얼마 만에 느껴 보는 따뜻함이며 행복감인지 아들은 무릎을 꿇고 아버지께 용서를 빌지만 아버지는 돌아온 것만으로도 모든 것을 용서합니다.
아버지의 용서와 환영은 말만 하는 형식적인 것이 아니었습니다.

1. 제일 좋은 옷을 입히고 → 아들의 지위를 회복시켜 주었습니다.
2. 손에 가락지를 끼우고 → 아들의 권세도 누리게 해주었습니다.
3. 발에 신을 신기고 → 원하는 것은 마음껏 하도록 허락해 주었습니다.
4. 동네잔치를 배설하고 모두에게 아들의 귀향을 알렸습니다. → 여전히 아버지의 아들로서 누구에게도 손가락질 받는 일이 없게 하셨습니다.

아버지 집에 진짜 행복이 있음을 아들에게 알게 하셨습니다.

예수님께서 이 말씀을 하신 이유는, 우리가 잃어버린 행복은 반드시 아버지에게서만 찾을 수 있음을 알게 하기 위함입니다. 아버지께 행복이 있기에 아버지에게로 돌아오는 것이 행복의 시작입니다.

사랑하는 여러분!

1. 지금 행복하십니까?

누구 앞에서든 당당하게 "나는 행복 합니다"라고 말할 수 있습니까?

그렇다면 그 행복은 어디서 주는 것입니까?

돈 때문에 여유가 있어서 느끼는 행복입니까?

아직은 아무런 문제가 없어서 행복하다고 여기는 것입니까?

그렇다면 지금 누리시는 그 행복이 언제까지 내 주변에서 유지될 수 있다고 생각하십니까?

혹시 지금 불행하다고 느끼고 계시는 분은 없는지요?

그래서 이 불행을 떨쳐버리고 일어나고 싶지만 어찌할 바를 몰라서 주저앉아 있는 분은 없습니까?

분명한 것은 우리 모두는 행복한 삶을 원합니다!

하지만 우리가 원하는 대로 행복할 수 없다는 사실을 알고 있습니다.

나는 행복해도 주변이 행복하지 않으면 소용없습니다. 내 주변이 불행하면 나도 행복할 수 없습니다!

오늘 우리 모두가 행복해지는 비결을 알려드립니다.

2. 우리 모두가 행복할 수 있는 비결은 바로 아버지입니다!!

아버지를 떠난 것이 얼마나 불행인가를 아들을 통하여 우리는 보았습니다. 하지만 아들이 아버지께로 왔을 때 다시 행복이 왔음도 보았습니다.

우리 행복의 비결도 아버지임을 믿고 받아들이는 것이 내가 행복해지는 비결입니다.

아버지에게로 돌아오십시오!!
아버지에게 먹을 것과 입을 것과 내게 필요한 모든 것이 있습니다. 나의 근심도 걱정도 모두 아버지가 해결하십니다. 그래서 아버지는 내가 돌아오기를 날마다 기다리고 계십니다.

아버지에게로 돌아오는 것은 아버지의 집, 교회로 오는 것입니다.
나를 기다리시는 아버지가 나를 만나시려고 교회에서 기다리십니다. 교회는 아버지의 집입니다. 아버지는 교회에서 나를 만나주십니다.

아버지는 나를 행복하게 만드시는 분입니다.
나의 불행이 죄에서 온다는 사실을 아시고 나를 불행하게 만드는 죄를 해결해 주시려고 아들 예수님을 보내셔서 십자가에 못 박혀 죽게 하심으로 내 죄를 다 용서해 주시고 행복으로 나를 초청하셨습니다. 아버지만 찾으면 모든 문제는 아버지가 다 해결하십니다. 현재의 문제와 내세의 문제까지 모두 다 해결해 주십니다. 아버지 곁에는 불행이 없습니다!!

오늘 이 자리에 오신 것은 아버지께 돌아온 것입니다.
아주 잘 오셨습니다!
아버지는 여러분들을 진심으로 환영하십니다!

이제 아버지를 절대로 떠나지 마십시오!
아버지께서 여러분들을 위하여 준비하신 행복을 잃어버리지 마십시오!

아버지를 떠나면, 아버지 집을 떠나면 행복도 함께 떠납니다.
오늘 결단하시고(등록, 연락처 남기기) 행복한 삶으로 새 출발하시길 바랍니다.

행복을 위하여 새 출발하시는 여러분들을 아버지의 이름으로 축복합니다!

제발, 그곳은 건너지 마라

예수께서 대답하여 이르시되 이 물을 마시는 자마다 다시 목마르려니와 내가 주는 물을 마시는 자는 영원히 목마르지 아니하리니 내가 주는 물은 그 속에서 영생하도록 솟아나는 샘물이 되리라 여자가 이르되 주여 그런 물을 내게 주사 목마르지도 않고 또 여기 물 길으러 오지도 않게 하옵소서(요한복음 4:13-15)

전도설교
PART **2**

사마리아 여인 이야기
(요한복음 4장)

01 만나서 반갑습니다!

02 너를 놓치기 싫어

03 나 좀 도와주세요!

04 함께하고 싶어요!

05 손에 손 잡고

06 최고의 선물

07 물동이를 버려두고

08 배고프신 예수님

09 나를 위한 비밀창고

> 사마리아 여인이
> 전도자로서 적합하다고 생각합니까!
> 예수님은 이런 여인도 물동이를 버려두고 전도자로
> 나섰다는 사실을 알리고 계십니다.
>
> 어떤 상황에서도 전도는 쉴 수 없습니다! 이것이 물동이를 버려두고 가는 여인을 통하여 주시는 예수님의 전도 촉구입니다.
>
> 적극적인 면에서 주님은 그 여자가 물동이를 버려두고 가시기를 원하셨습니다. 전도자는 따로 정해져 있지 않습니다. 전도의 때는 따로 장해져 있지 않습니다. 누구나, 어떤 상황에서도 전도해야 합니다.

01
만나서 반갑습니다
요 4:3~5

 핵심 관점 | 사마리아

예수님은 이유 없이 다닌 곳은 한 군데도 없습니다. 예수님은 어느 곳을 가시거나 누구를 만나실 때 분명한 목적을 나타내셨습니다. 예수님께서 전혀 어떤 예고도 없이 사마리아 지역으로 들어가셨습니다.

설교를 이끄는 관점

사마리아 지역은 어떤 곳입니까?
유대인들이 노골적으로 기피하는 곳입니다. 이유가 있습니다. 사마리아 지역 사람들은 순수한 유대인의 혈통을 더럽힌 자들이라고 여겨져 오랫동안 멸시를 당했기 때문입니다.

BC 722년에 앗수르에 의해서 이스라엘이 점령될 때 이 아픈 역사가 시작되었습니다. 이스라엘을 침략한 앗수르 사람들은 유대인 여인들을 자기들 마음대로 취급했습니다. 이후 태어난 혼혈 아들이 사마리아를 중심으로 살았습니다. 그리고 지금까지 사마리아인들은 유대인들에게 노골적으로 사람 취급을 받지 못했습니다. 개 같은 취급과 멸시를 당해왔습니다. 그런 취급을 한 유대인들은 그 누구도 사마리아 지역으로 다니려 하지 않았습니다.

그런데 예수님은 왜 이런 사마리아 지역을 가려 하실까요?
예수님께서 사마리아 지역을 통과하시거나 만일 사마리아 지역에서 그들과 상종을 한다면 앞으로 예수님의 활동에 상당한 지장을 줄 수 있습니다.

더구나 제자들도 멀리 보내시고 혼자서 사마리아 지역을 가시는 것은 매우 위험한 일입니다. 그런데 굳이 남들이 싫어하고 불편해 하는 상황을 일부러 만드시는 이유가 무엇일까요?

하나님의 목적으로 해결

이유가 있으시기에 가셨습니다!
전도하러 가셨습니다. 전도대상자가 있기에 일부러 찾아가셨습니다.

예수님은 전도의 시작이 찾아가는 것임을 보여주고 계십니다. 이것이 예수님께서 보여주신 전도의 1단계입니다.

전도는 찾아가는 것이 시작입니다.
예수님은 지역과 인종을 초월해서 찾아가셨습니다. 전도의 시작은 찾아가는 것입니다.

1. 이미 복음을 받은 자가 복음이 필요한 자를 찾아갑니다.
2. 지역이나 사람(대상)을 차별하는 것은 전도가 아닙니다.
3. 사마리아 지역으로 간다는 사실을 알았다면 누가 거세게 반대를 했을까요? → 제자들의 반대가 가장 심했을 것입니다. 찾아가려면 방해요소들을 먼저 제거해야 합니다.

- 전도는 반드시 찾아가야 된다는 것을 주님은 강조하십니다.

청중 적용

1. 지금 우리 주변에도 사마리아 지역이 있습니다.

우리가 사는 사마리아 지역의 정의는 우리 모두가 기피하는 장소와 찾아가기 싫은 대상입니다.

우리가 "그 장소와 그 사람은 싫다", 더 나아가서 "그 사람은 안 됩니다. 거기는 안 됩니다"라며 거부하는 곳이 사마리아입니다.

우리 스스로 지역과 사람을 제한하고 복음을 전하는 일에도 노골적으로 그들을 외면합니다. 이것이 우리 안에 있는 사마리아입니다.

그래서 우리는 이런 생각을 합니다.
그 장소, 그 사람들이 복음을 받지 못하는 것을 당연하게 생각합니다. 여기에 대해서 그 어떤 문제의식도 없습니다.

사실 우리는 누구를 찾아가는 일에 부담도 느낍니다.
누군가를 만나야 된다는 부담이 전도의 시작을 방해합니다. 누구를 찾아가서 만나야 된다는 것 때문에 전도를 외면하는 경우가 많습니다. 이것 때문에 전도하는 일에 불편한 감정을 가지고 있어서 전도를 기피하는 일이 많이 있습니다.

2. 전도의 시작은 내가 먼저 찾아가는 것입니다.
주님은 찾아가는 것이 전도의 시작임을 알려주셨습니다.
누구도 가기 싫어하는 곳, 아무도 만나기 싫어하는 사람을 내가 먼저 찾아가는 것이 전도입니다. 찾아가는 걸음부터 이미 전도는 시작되었고 예수님은 그 걸음을 복되게 여기십니다.

3. 찾아가는 전도를 위해서 연습이 필요합니다.

1) 만남에 대한 거부감을 먼저 버리십시오!
누군가를 찾아가는 일에 익숙하지 않은 사람은 가까운 사람, 편한 사람이라도 만나야 합니다. 신자라도 전도대상자라고 생각하고 일단 만나는 일에 익숙해져야 합니다. 전도에는 연습이 필요합니다.

("무조건 전도 해 가지고 와!" → '사람 만나는 것도 싫은데 어떻게 전도를 해 올 수 있습니까? 연습을 시켜야 합니다.)

가까운 사람들끼리 서로 만남에 대한 부담감을 없애는 훈련을 일부러 해야 찾아갈 수 있고 만날 수 있습니다.

① 제일 가까운 사람
② 조금 덜 부담스러운 사람
③ 아주 불편하게 여겼던 사람
  ⇒ 단계별 만남의 연습이 필요합니다!

2) 복음을 제시하지 말고 사귀십시오!(찾아갔으면 복음을 제시해야지 왜 복음을 제시하지 말고 사귀라고 합니까?)

내가 평소에 불편하게 여긴 사람을 찾아가서 사귀는 것만으로도 복음입니다!

누군가를 찾아가서 복음을 전하지 않더라도 그 사람을 찾아가서 충분히 사귀는 것 자체가 복음입니다. 처음부터, 만남의 시작부터 가서 복음을 전하면 안 됩니다. 복음을 전하는 훈련이 안 되면 못 전합니다. 평소에 복음을 전하는 훈련을 받지 않으면 복음제시 못합니다(청중들을 밀어붙이면 안 됩니다).

성도들이 사귀는 것만 시작해도 교회는 부흥하기 시작합니다. 너무 서두르지 마세요! 좀 느긋하게 한다고 해서 주님이 뭐라 하시지 않을 것입니다. 청중들에게 여류로운 마음으로 사귀도록 기회를 주어야 합니다.

"여러분, 평소에 여러분이 불편하게 여기는 사람을 사귀는 것만으로도 충분하게 복음 전파를 시작했습니다."

일정기간 동안 사귀는 것이 필요합니다. 전파의 시작을 했습니다. 조금 덜 부담스러운 사람부터 접근하십시오.

3) 오늘 내가 만남을 시작해야 할 그 사람을 찾아봅시다!
어떻게 하면 한 사람을 찾아볼 수 있습니까?
내가 찾아가면 사귈 수 있는 사람이 몇 명이나 있는지 적어 보십시오! 그래도 조금 가깝고 친하게 지낼 수 있는 사람은 2~3명을 적어보십시오. 그리고 그들과 자주 만나서 사귀고 그 중에 한 사람을 집중적으로 찾아가십시오!
찾아가십시오! 의도적인 만남을 가지고 사귀십시오!

청중 결단

찾아가는 것만으로도 전도가 시작되었습니다!
전도가 어려운가요? 전도가 부담스러운가요?
내가 불편하게 생각했던 사람을 그냥 사귀는 것입니다.

찾아가서 사귀는 것만으로도 우리는 전도자로서의 삶을 살았습니다. 전도자의 역할을 했습니다(⇒ 여기에 대한 자부심을 갖게 만드십시오).

전도자의 자부심!(이게 오늘 설교의 핵심입니다)

- 대상자를 꼭 만드십시오!
   여러명 → 2~3명으로 → 1명!
   무조건 주 1~2회 가서 만나라!

- 청중들 → 전도는 사귀는 것입니다!
            전도는 만나는 것입니다.
            전도는 차 마시는 것입니다.
            전도는 이야기 하는 것입니다.
            전도는 함께 교제하는 것입니다.

- 여기서는 8편의 설교를 또 해야 되기 때문에 설교의 전개를 아주 잘 하셔야 됩니다. 주일 낮 예배시간 보다 오후 예배가 훨씬 더 낫습니다. 목적성 있는 설교는 주일 오후, 금요일, 중직자 대상으로 훈련해야 됩니다.

- 시리즈 설교를 할 때는 앞의 설교와 그 다음 설교의 경계선을 잘 지켜야 합니다. 다음 설교에 대한 어떠한 관점도 가지고 오면 안 됩니다. 단어 선택과 표현을 잘 해야 됩니다.

"찾아가는 것만으로도 전도는 성공입니다!"
경계를 지키는 것이 매우 중요합니다.
전도설교는 욕심을 내시면 안 됩니다.

02
너를 놓치기 싫어
요 4:6~9

 **핵심 관점 | 물**

사마리아 지역에 들오신 예수님은 수가라는 동네의 한 우물곁에 앉으셨습니다. 예수님께서 우물곁에 앉으셨다는 것은 예수님께서 물을 필요로 할 만큼 목이 마르신 경우라고 생각할 수 있습니다. 하지만 물은 드시지 않고 누군가를 기다리시는 듯 앉아 계십니다. 얼마의 시간이 지난 후 한 여인이 이 우물에 물을 길으려고 도착합니다. 이 여인은 사마리아 수가 지역에 사는 여인입니다.

설교를 이끄는 관점

이 여인이 도착하자마자 기다리셨다는 듯 예수님은 이 여인에게 물을 요구하십니다.

- 왜 직접 해결하지 않으시고 이 여인에게 물을 요구하셨을까요?

물을 요구하시는 예수님을 향한 이 여인의 태도는 매우 퉁명스럽습니다. "당신은 유대인으로서 왜 나에게 물을 달라고 하십니까?" 매우 불쾌한 표정으로 퉁명스럽게 예수님의 요구를 거절합니다.

- 이쯤 되면 자존심이 있지 직접 해결하는 것이 상책입니다.

그런데 예수님은 끝까지 이 여인에게 물을 요구하셨습니다. 지금 예수님의 행동은 물을 요구하시는 것입니까? 이 여인을 포기하지 않는 것입니까? 이 여인을 통해서 물을 해결하시려는 예수님의 진짜 속셈은 무엇입니까?

- 자신을 향하여 집요하게 물을 미끼로 접근을 멈추지 않는 예수님의 태도를 이 여인은 어떻게 받아들였을까요?

이 여인이 예수님의 요구에 반응이 좋지 않은 것은 당시 유대인과 사마리아인들이 얼마나 감정적으로 불편했는가를 보여주는 한 예입니다.

특별히 이 상황은 사마리아 여자 한 명과 유대인 남자 한 명의 만남이 이루어지고 있기 때문에 이 여인으로서는 더욱더 경계와 적대감을 가질 수밖에 없는 상황입니다.

하나님의 목적으로 해결

예수님은 이 여인에게 물을 이유로 계속 접근을 시도하셨습니다. 다른 사람이 보면 이런 예수님의 모습은 상당한 오해의 소지가 있습니다.

두 가지 오해의 소지가 있습니다.
- 일대일 만남만으로도 오해의 소지가 될 수 있습니다.
- 평소 이 여인에 대한 평판이 좋지 않기에 왜 예수님께서 저런 여인을 상대하실까 오해를 불러일으킬 수 있습니다.

이 여자로 인한 오해의 소지가 있음에도 불구하고 예수님은 이 여자에게 끊임없이 물을 이유로 접근을 멈추지 않으시는 이유가 있습니다.
예수님은 이 여인과 대화의 접촉점을 갖으시려는 의도입니다.
예수님께서 이 여인과 이 상황에서 가장 자연스럽게 대화할 수 있는 최고의 접촉점이 물이기 때문입니다.
전도는 상대방과 접촉점을 가져야 대화를 시작할 수 있고 지속적으로 관계를 유지할 수 있습니다. 그러므로 상대방과 공유할 수 있는 접촉점을 가지려고 노력해야 합니다.

물이 왜 예수님과 이 여인에게 접촉점이 됩니까?

1. 서로의 필요성이 간절하기 때문입니다.

예수님은 목마름의 상태이고 이 여자는 물이 절실한 상태입니다. 물은 예수님과 이 여인이 자연스럽게 대화할 수 있는 필요의 접촉점입니다.

2. 접촉점은 현실 상황을 위주로 이루어져야 합니다.
현실과 거리가 먼 것은 대화로 연결하기 어렵습니다.

* 이 여자(현실 상황) → 당장 물을 길어가지 않으면 안 되는 당면한 현실입니다. 물이 없으면 당장 생계를 유지할 수 없습니다.
* 예수님 → 피곤하고 목마르셨기에 당장 물이 필요하셨습니다. 물 외에는 다른 것에는 관심이 없으셨습니다.

현실적으로 당면한 문제를 이야기하면 대화 자체가 진지해집니다. 진실하고 진정성 있는 대화가 될 수 있습니다.

3. 대화가 이루어지기까지 포기하지 말아야 합니다.
이 여자가 물을 요구했을 때 거절하고 퉁명스럽게 빠져나갔습니다. 하지만 예수님은 "내가 누군지 알았다면"이라며 대화를 계속 이어가기 위해 궁금증을 던지셨습니다. 예수님은 대화가 이루어지기까지 포기하지 않으셨습니다.

4. 대화의 우선권을 가져야 합니다.
지금 대화의 우선권은 예수님이 가지고 계셨습니다. 주님은 끝가지 대화의 우선권을 가지고 이끌어가고 계셨습니다. 대화의 주도권을 빼앗기면 어색하거나 상대방의 반격에 무너질 수 있습니다. 대화를 주도적으로 이끄는 적극성이 필요합니다.

전도하러 간 사람이 주저주저하는 이유는 무슨 이야기를 해야 되는지 모르기 때문입니다. 잠깐 이야기가 끊기면 무슨 이야기를 해야 되는지 당황합니다. 실제로 전도하다 보면 서로의 필요성을 공감하지 않으면 어떤 대화도 이어지지 못합니다. 대화가 계속 이루어지려면 내가 대화의 우선권을 가지고 이끌어가야 됩니다.

청중 적용

1. 우리가 전도를 두려워하는 이유 중 하나는 대화의 문제입니다!
무슨 대화(이야기)를 해야 됩니까?
어떻게 대화를 지속해야 합니까?
상대방이 재미없어하면 어쩌나? 그래서 접근을 두려워합니다. 만남을 시도하려고 하지 않습니다.

이런 생각을 갖는 것은 대화를 준비하지 않아서 그렇습니다.

예수님은 먼저 가서 이 여자를 기다리고 계셨습니다. 이 여자와 어떤 이야기를 해야 하는지 아셨기 때문입니다. 이 여자와 접촉점을 갖기 위해서 우물가에 앉아서 물을 접촉점으로 대화를 이끄셨습니다.

2. 상대방과 대화를 위한 접촉점 = 관심사를 찾아야 합니다.

대학생 입시설명회에 유치원 어머니들이 와서 듣는 일이 있다고 합니다.

지금 아이가 유치원 다니는데 대학입시 설명회를 듣고 있습니다. 왜 그럴까요? 그 엄마의 관심사는 "내 자식이 앞으로 어떤 대학을 가야 할까"에 관심이 있기 때문입니다.

1) 상대방을 연구하십시오! → 준비하십시오!

저 사람의 필요가 무엇인가? 찾아가서 사귀는 동안 뭘 좋아하는지, 어디에 관심이 많은지, 무슨 이야기를 하면 귀가 번쩍 뜨이는지에 대해 연구를 해야 합니다. 이것이 관심입니다. 상대에 대해서 관심을 가지면 접촉점을 찾을 수 있습니다.

2) 상대에게 대화의 초점을 맞추십시오!

상대방의 관심사를 충족해 주어야 합니다(충족해 주십시오!).

내 이야기만 하는 것은 상대를 힘들게 합니다. 상대방이 자기의 이야기를 풀어놓도록 상대의 관심과 필요를 찾아 들어주고 반응하는 대화를 해야 합니다.

3) 대화의 끈을 지속적으로 유지하십시오!

(오늘 설교의 핵심은 무엇입니까?) 상대방과 관심사를 공유하면서 그와 대화를 계속 이어가는 것입니다. 대화로 관계를 지속하십시오! 상대방은 대화가 되는 당신을 관심 있게 받아주게 됩니다.

청중 결단

전도 대상자에게 집중하십시오!
- 필요를 연구하십시오!
- 관심사를 준비하십시오!
- 관계를 지속하기 위한 노력을 하십시오!
 (이런 것들이 청중 결단에 포함됩니다.)
- 대화의 핵심은 상대방의 관심사입니다.
 물 길으러 온 여자에게 물 얘기를 해야 관심사가 됩니다.
 준비되지 않은 대화는 지속될 수 없습니다.
 대화의 주도권을 놓치면 그 사람에게 끌려 다닙니다.
 (이렇게 설교한다면 이벤트 안 해도 전도가 됩니다)
- 실제로 전도훈련 할 때는 두 사람이 연습해야 합니다.
- "자기는 뭐 좋아해?", "나는 음식 만드는 것을 좋아해!"
 대화하는 훈련을 시켜주셔야 됩니다. 그러면 전도가 됩니다.
- 남자들은 교회에 오면 정착이 쉽지 않습니다.
 왜? 교회 오면 자기 관심사가 없어지기 때문입니다.
- 목사가 가진 관심사가 있어야 합니다.
 교회가 가진 관심사가 있어야 합니다.
 "우리 교회는 OO하는 교회입니다!"
 (예) 노인들을 잘 돌보는 교회
   어린이들을 잘 돌보는 교회
   청소년들을 잘 돌보는 교회
  → 지역 간의 고리를 연결하는데 도움이 됩니다.

내가 저 교회를 가야 할 관심, 이유가 있어야 합니다. 앞으로는 교회마다 색깔이 더 확실해져야 됩니다. 작은 교회는 교회만의 색깔을 내는 게 어렵습니다. → 그래서 성장이 어렵습니다.

〈대화의 기술〉
1. 경청 → 상대방의 이야기를 잘 듣는 것.
2. 설득 → 내가 말하려고 하는 것을 상대방에게 정확하게 전달하는 것.
   ⇒ 이 두 가지를 잘 하게 하는 것이 '질문'입니다.

주님과 수가성 여인과의 대화에도 질문이 들어있습니다.
"내가 누군지 안다면?" 이것은 대화의 기술입니다.

상대방의 말을 일단 끝까지 경청하는 것!
내가 말하려고 하는 것을 명확하게 던지고 잘 알아들었는지 질문을 하는 것! 말이 끊어지지 않게 하는 것이 필요합니다.

- 상대방의 관심사를 위한 연구가 필요하지 않습니까?
지금은 전도지 하나 주는 것보다 밀착 전도를 해야 합니다. 한 가지 목적을 가지고 접근해야 합니다. 1년 동안 목사님 교회에서 이렇게 다섯 명만 훈련하면 대단한 부흥이 일어납니다.

03
나 좀 도와주세요
요 4:10~15

 핵심 관점 | 생수

우물가에서 숭늉 찾는다는 옛말이 있습니다. 수가성 우물가에서 예수님도 물에 대한 전혀 다른 이야기를 하고 계십니다.

예수님은 생수에 대한 이야기를 꺼내셨습니다. 이 생수는 이 여인이 그동안 전혀 들어보지 못한 이야기입니다.

설교를 이끄는 관점

예수님께서 말씀하신 생수는 영원히 목마르지 않게 하는 특효가 있다고 하십니다. "내가 주는 물을 마시는 자는 영원히 목마르지 아니 하리라." 이는 물에 대한 갈증을 가진 이 여인에게 목마름에 대한 특효가 있는 소리로 들렸습니다.

그러자 이 여인은 예수님의 생수에 대한 이야기에 즉시 몇 가지 반응을 합니다.

- "그런 물을 내게 주시옵소서!"
- "여기에 오지 않게 하소서!"

이 여자가 자기의 현실을 드러낸 것입니다. 나 좀 제발 여기(우물)에 오지 않게 해주세요! 물을 가지러오는 일이 이 여인에게 얼마나 현실적인 고통인지를 호소했습니다.

그러자 이 여인은 예수님의 생수 이야기에 기다리기라도 한 듯 적극적인 반응을 보였습니다.

- 예수님이 말씀하시는 생수와 이 여인이 찾는 생수는 같은 것일까요?
- 만일 이 여인이 생수의 비밀, 즉 물이 아니라는 사실을 알았을 때 어떤 반응을 할까요?

대단히 실망할 것입니다!!
자기를 농락하고 무시했다고 화를 낼 것입니다.

- 왜 예수님은 자신이 메시아라는 사실을 직접적으로 언급하시지 않고 생수에 대한 이야기를 꺼내셔서 이 여인을 기대감에 부풀게 하셨을까요?

하나님의 목적으로 해결

이유가 있으십니다! 전도설교입니다.
첫 번째는 찾아가라.
두 번째는 관심사를 통해서 계속 대화를 이끌어라. 그 사람을 놓치지 말라.

- 찾아가서 만나고 대화도 무르익습니다. 마시는 것도, 먹는 것도 했습니다. 그러다보면 삼천포로 빠지기 쉽습니다. → 만남의 목적을 잃어버리기 쉽다는 말입니다.

1. 전도는 만남의 목적을 놓치면 안 됩니다!

만남의 목적을 놓치면 삼천포로 빠집니다.
예수님이 물에 대한 이야기를 하면서 끝까지 이 여인을 놓치지 않으신 이유가 여기 있습니다. 목적이 있기 때문입니다. 목적을 이루시기 위해 계속해서 이 여인을 목적으로 이끄셨습니다.

2. 상대방의 필요를 채워주는 것이 전도입니다!

전도는 상대방의 필요를 채워주는 것입니다!
(교회 나오지 말라고 해도 상대방의 필요가 채워지면 교회에 나옵니다)

이 여자의 필요는 무엇입니까?
* 목마름
* 우물가에 계속 와야 되는 번거로움

* 숨겨진 삶의 상처들을 회복하는 일입니다. 예수님은 이 여인의 이런 필요를 아셨기에 채워질 때까지 계속 만남을 유지하셨습니다.

3. 예수님은 이 여자의 필요에 어떤 대안을 내놓았습니까?

생수가 답이라고 하셨습니다! ⇒ 생수만 있다면 필요/채움이 해결된다고 하셨습니다!(전도자가 상대방에게 무슨 역할을 해야 되는지를 알려주셨습니다).

- 인간의 궁극적인 필요는 생수가 공급되면 해결됩니다!

생수가 무엇입니까? ⇒ 인생의 문제를 해결하시는 예수님입니다. 예수님을 만나면 인생의 모든 부족과 필요가 채워집니다. 예수님을 통하여 자신의 필요를 채우게 하는 것이 전도의 목적입니다.

- 예수님은 이 여인에게 '내가 저 생수를 얻어야 되겠다'고 하는 욕구가 일어나게 하셨습니다. 상대방이 필요를 채울 수 있는 욕구를 가지게 하는 것이 전도입니다.

전도자가 다 해결해주는 것이 아니라 상대방이 필요를 붙잡게 해야 합니다. 전도는 "나 그거 필요해"라고 말하는 상대방의 필요 욕구를 일으켜주는 일입니다.

청중 적용

1. 필요, 궁핍, 결핍 이런 것이 없는 사람이 있습니까?
전혀 없습니다. 인생에서 필요를 느끼지 않는 사람은 없습니다.

- 필요 = 궁핍, 부족, 불가능한 문제들은 인간이 가진 현실적인 한계입니다.

이 필요를 채우기 위해서 인간은 모든 노력을 다합니다. 이런 상황에서 만일 누군가가 당신의 이런 필요를 채워 줄 길을 열어 준다면 어떻게 하시겠습니까?

* 이것을 놓치면 안 됩니다!
- 우리가 상대방의 필요에 지나친 관심을 가지면 → 자존감, 자존심에 타격을 줄 수 있습니다.
- 상대방의 필요에 무관심한다면? → 우리가 만나는 목적이 상실됩니다.

⇒ 그래서 우리는 상대방의 필요를 알고 상대방의 필요를 끄집어내도록 노력해야 합니다. 주님은 상대방의 필요를 끌어냈습니다.

⇒ 상대방의 필요를 알고 적절하게 대처하는 지혜가 필요합니다!

2. 예수님의 방법을 주목하십시오!
- 예수님은 상대방의 필요를 정확히 아셨습니다.

생수 ⇒ 이 여자가 얼마나 목마른가를 알고 계셨습니다.

인생의 목마름을 정확히 아셨습니다!

상대방의 필요를 잘못 짚으면 오히려 상대방에게 상처가 될 수 있습니다. 상대방의 자존심을 건드릴 수 있습니다.

- 상대방의 필요에 대한 해결책을 제시하십시오!
⇒ 이 사람과 유사한 경유를 제시해 주면 됩니다. 직, 간접적인 해결 방안을 제시하여 상대방으로 하여금 스스로 문제를 해결하려는 의지를 갖게 하십시오!

예수님은 "내가 네 문제를 해결해 줄 수 있어!"라고 말해도 되는데 끊임없이 "생수가 답이야!"라고 간접적인 방법을 제시하셨습니다.
왜냐하면 이 여자 스스로 문제 해결의 의지를 갖지 않으면 예수님이 문제 해결을 제시해도 이 여자는 그 방법대로 하지 않을 것을 아셨기 때문입니다.

- 모든 사람은 문제 해결의 욕구를 가지고 있습니다.
이것이 전도가 반드시 되는 이유입니다! 다른 말로 하면 우리가 전도해야 될 목적입니다. 또 다른 말로 전도가 성공할 수밖에 없는 이유입니다!
자신의 문제를 해결해 줄 수 있는 길만 제시한다면 전도가 됩니다. 전도가 성공으로 이루어질 수 있습니다. 예수님은 이 방법을 가르쳐 주셨습니다.

청중 결단

스스로 전도가 되게 하십시오!
"나 좀 전도가 되게 해 봐!" "나에게 그 길 좀 알려줘 봐!"

모든 사람은 문제 해결의 욕구를 가지고 있습니다. 자기 스스로 문제 해결의 길을 안다면 어떤 방법이든지 뛰어듭니다.
전도하니 마지못해서 나오는 것과 자신의 문제가 해결될 것 같아 교회에 나오기 시작한 것과는 상당한 차이가 있습니다. 자신의 욕구에 의해서 교회에 나온 사람과 끌려나온 사람 간의 정착률은 무려 5배 차이가 납니다.

상대방의 필요에 관심을 가지십시오!
스스로 복음에 반응하도록 먼저 상대를 연구하고 다가올 수 있도록 노력하십시오!

04
함께하고 싶어요
요 4:16~18

 **핵심 관점 | 남편**

  예수님께서 수가성 여인과 생수를 주제로 이야기를 하시던 중 갑자기 여인의 남편을 데리고 오라고 합니다(설교를 이끄는 핵심 인물이 예수님이기 때문에 설교를 무조건 주님 중심으로 끌고 가야 됩니다). 그런데 이 여인의 대답이 이상합니다. 이 여인은 남편이 다섯 명이나 있었고 지금도 남편이 있습니다. 하지만 남편이 없다고 합니다.

설교를 이끄는 관점

  예수님께서 이 여인의 남편을 데려오라 하신 이유도 궁금하지만 남편이 없다는 이 여인의 대답이 더 궁금합니다.

이 상황에서 갑자기 남편을 데려오라 하시는 이유가 무엇일까요? 예수님께서 남편을 데려오라 하시는 것은 남편이 있음을 알고서 데려오라고 하셨습니다. 그런데 이 여인의 대답은 남편이 없다고 합니다. 남편이 없다는 이 여인의 말은 이미 지나간 다섯 명의 남편처럼 지금의 남편과도 헤어지겠다는 말일까요? 아니면 법적인 정식남편이 아니라는 말일까요?

이 여인의 입장을 보니 이 여인은 남편의 이야기가 아주 불편한 모양입니다. 이런 예민하고 불편한 남의 가정사를 예수님은 왜 들추려 하시는 것일까요? 갑자기 나타나서 남편 이야기를 꺼내는 예수님을 향하여 이 여인은 무슨 생각을 했을까요? 이 여인의 입장에서 보면 얼마나 부끄럽고 수치스러웠겠습니까?

이 여인에 대한 정보가 필요합니다.

이 여인에게 다섯 명의 남편이 있었다는 말은 다섯 번 가정을 실패했다는 말입니다. 그렇다면 이 여인은 다섯 번의 실패로 인하여 어떤 상처를 가지고 살고 있는가를 짐작할 수 있는 부분입니다. 그리고 지금 이 여인이 살고 있는 남편은 여섯 번째입니다.

이 여인이 남편이 없다고 하는 것은 현재의 가정도 실패의 과정을 겪고 있는 중이라는 의미로 해석될 수 있습니다!

예수님께서는 왜 남편 이야기를 꺼내서 어색한 분위기를 만드셨을까요?

하나님의 목적으로 해결

이런 여인의 입장에서 남편을 데려오라는 말은 무슨 의미입니까? 전도는 상대방의 아픔과 상처를 공감하고 함께 치유의 방법을 갖는 것입니다!

전도는 상대의 아픔을 "공감"하는 것입니다.
남편을 데리고 오라는 말은 가서 남편을 손잡고 오라는 말이 아닙니다.

1. 이 여인의 아픔과 상처를 아시기에 함께 공감하시겠다는 음성입니다.

"네가 남편이 없다 하는 말이 옳도다"(17절)

이 말씀은 여인의 아픔을 공감하는 예수님의 심정입니다. 예수님은 진심으로 이 여인의 상처와 아픔을 알고 계시며 진심으로 다가가시겠다는 음성입니다.

2. 이 여인의 현재 아픔과 상처가 치유되지 않고 반복되는 것을 치유하시겠다는 음성입니다.

"데려오라"는 말은 이제 그 문제를 해결하라는 치유의 음성이십니다. 예수님께서 이 여인의 반응을 보시고 적극적으로 치유하시겠다는 음성입니다.

* 전도는 상대방이 겪고 있는 문제에 공감해야 합니다.

공감이 아주 중요합니다. 공감은 끄떡이고 맞장구치는 것이 아니라 함께 문제를 인식하고 치유하는 구체적인 방안을 제시하여 회복의 길을 안내하는 것입니다! 스스로 해결할 수 있도록 본인이 갖고 있는 문제에 공감해주고 끄집어내게 해야 합니다.

⇒ 주의할 것은 아주 조심스럽게 문제에 접근하는 시도를 해야 합니다!

3. 예수님께서 문제에 접근하는 방법대로 하면 됩니다.

"데리고 오라" → 그 여인이 갖고 있는 문제를 밖으로 끄집어내서 그 문제를 스스로 해결할 수 없음을 인식하도록 하여 스스로 길을 찾아가도록 유도하셨습니다.

* "접근하는 방법" ⇒ 문제의 원인을 공유하고
　　　　　　　　 ⇒ 함께 치유할 수 있도록 도와야 합니다!

상대방이 갖고 있는 상처를 끄집어내는 것은 쉬운 일이 아닙니다. 자칫 잘못하면 그동안 노력했던 모든 것이 물거품이 됩니다. 그래서 '공감'해야 됩니다. 주님은 "네 말이 옳다"라고 충분히 공감하는 말씀을 하셨습니다. 나는 네 말에 진심으로 동의한다는 말입니다. "공감"해 주는 것은 굉장히 중요합니다.

* 불신자들이 자기 문제를 오픈하는 것은 보통 결단이 아니면 안 됩니다.

세 번째 설교를 잘하면 네 번째 설교가 잘 들립니다.

청중 적용

사랑하는 여러분!
1. 지금 나와 관계하고 있는 대상자는 고민하고 있습니다.
자신이 겪고 있는 문제를 스스로 해결할 수 없기에 그 문제를 해결할 방안을 찾고 있습니다. 하지만 그 방안을 제시해 줄 수 있는 사람을 만나지 못했기 때문에 그 반복되는 문제를 끌어안고 힘들게 살고 있습니다.

⇒ 누군가는 그 해결의 길을 제시해야 합니다.
　인생의 실패를 해결할 수 있는 그 사람을 만나야 됩니다.
　그 일은 누가 해야 됩니까?
⇒ 그 일을 전도자가 할 수 있다면 그 결과는 열매로 나타납니다.

2. 상대방의 반복되는 삶의 문제와 고민을 접수하십시오!
예수님처럼 하셔야 합니다.

　1) 공감입니다.
문제를 공유할 수 있는 방안을 찾으십시오! 상대방이 가지고 있는 비슷한 상황을 끄집어낼 수도 있습니다. 나도 그 문제를 겪고 있다는 것, 내 주변에도 그런 문제로 고민하고 해결을 시도하는 사람이 있다는 것을 조심스럽게 나누어야 합니다.

- 공감대를 형성하십시오! → " 나도 너와 같은 생각을 하고 있어."

2) 해결방안을 제시하십시오!
상대방 문제의 해결 방법을 알고 있음을 제시해야 합니다. 내가 중심이 되어서 해결을 주도하면 안 됩니다. 상대방이 해결의 방안을 갈급하도록 이끄셔야 합니다. 그 타이밍을 봐서 방안을 제시한다면 효과를 거둘 수 있습니다.

3) 해결의 방안을 제시할 때(상대방의 상처가 반복되지 않도록 하기 위한) 전도자의 간절함을 보여주어야 합니다.
상대방만큼 나도 그의 문제 해결을 갈망하고 있음을 보여주어야 합니다. 예수님은 이 여자의 문제를 드러내면서 이 여자의 아픔을 최대한 건드리지 않으면서 이 여자가 회복할 수 있는 길을 제시하셨습니다.

남편의 문제를 해결하지 않으면 너의 문제가 해결되지 않는다는 주님의 심정이 이 여자에게 전달이 되었습니다.

"주여 내가 보니 선지자로소이다"(19절)

자기 문제 해결자를 찾았다는 말입니다. 예수님의 공감을 받아들이겠다는 고백입니다.

청중 결단

한 발 앞선 포옹!
상대방보다 내가 먼저 다가가서 상대방의 문제를 끌어안아 줄 수 있어야 그 사람의 문제를 공유하게 됩니다.

특별한 사람, 특별한 문제는 없습니다!
다 똑같은 사람, 다 똑같은 문제를 지니고 있습니다.

4번째까지는 전도자의 불타는 노력이 필요합니다.
5번째부터는 예수님을 어떻게 만날 것인가, 그 길을 제시하면 본인이 알아서 합니다. 여기까지는 전도자의 노력, 수고, 땀이 필요합니다.

1. 찾아가는 것.
2. 접촉점 → 관심사.
3. 스스로 문제 해결의 욕구를 일으켜 주는 것.
4. 치유를 위한 공감을 얻어내는 것.
   (치유의 길은 5번째 설교에서 나옴)

전도가 얼마나 힘든가를 몸으로 느껴본 분은 전도가 이론이 아니라는 것을 알게 됩니다. 예수님은 수가성 여인에 대해서 단 한마디도 비난하지 않았다는 것을 주의하십시오. 5번 실패했지만 6번째 자기 인생을 새롭게 하려는 노력을 한 여자라고 볼 수 있습니다.

이 여자는 5번 실패했지만 6번째 인생의 성공을 위해서, 행복한 인생을 위해서 노력한 여자입니다.

* '하나님의 목적으로 해결'에서는 이런 관점도 줄 수 있습니다.

사람마다 인생을 실패하는 원인이 있습니다.
(이것도 아주 중요한 '하나님의 목적으로 해결' 중 하나입니다.)

이 여자의 실패 원인은 어디입니까?
가정입니다! 남편이 실패 원인입니다.

전도는 실패의 원인을 찾아주는 것입니다!
　　　실패의 원인을 해결해 주는 것입니다!

이 하나님의 목적으로 해결은 목사님들에게 필요한 것이고, 그러기 위해 전도자들에게 공감해주는 것이 필요합니다.

05
손에 손 잡고
요 4:19~24

🌹 핵심 관점 | 예배

예수님과 이 여인의 대화가 전혀 예상하지 못한 방향으로 가고 있습니다. 느닷없이 이 여인이 예배에 대한 이야기를 꺼냅니다. 지금까지 예수님과 나눈 대화의 주제와 예배는 전혀 연관성이 없어 보입니다. 그런데도 예수님은 이 여인의 예배에 대한 궁금증에 아주 진지한 반응을 하고 계십니다.

설교를 이끄는 관점

이 여인이 예배에 대해 관심을 보이는 것이 좀 이상하지 않습니까?

뒷부분에서 언급이 되지만 이 여자가 평소에 여러 번 남편을 갈아치우면서 살았던 여인입니다. 그런 이 여자가 예배에 대한 관심을 가지고 살았다면 좀 이해하기 어려운 부분이 있습니까? (의문점으로 제시할 수 있습니다).

예배가 무엇입니까? 영적생활입니다.
그렇다면 이 여인도 영적인 삶을 살고 있었단 말입니까?
평소 신앙생활을 하던 여자라는 말입니까?

이 여자의 질문은 상당히 구체적이고 대단한 영적인 식견을 가지고 있습니다.

- 진정한 예배는 어디서 이루어집니까?
  이 여인은 예배를 사모하고 있었다는 말입니다.

- 이 여자의 말 중에 조상 때부터 예배했다는 말을 보면 이 여인도 조상의 유전을 따라서 지금까지 예배를 계속했다는 것인데 사실일까요?

- 중요한 것은 예수님도 이 여인과 예배를 주제로 아주 진지하게 대화하셨다는 사실입니다.

이 여자가 가지고 있는 예배에 대한 궁금증은 충동적인 것일까요? 아니면 평소 예배자의 삶을 살았다는 증거일까요? 이 여인의 예배에 대한 궁금증은 어떤 의미입니까?

하나님의 목적으로 해결

예수님께서 이 여자에게 예배자에 대한 말씀을 주신 것은 이 여인이 평소 예배자였음을 알 수 있습니다. 예배에 대한 궁금증을 가지고 있었다는 것은 현재 지속적으로 삶에서 예배가 이루어지고 있다는 증거이기도 합니다. 평소에 예배를 하지 않는 사람은 갑자기 예배에 대해 얘기를 가지고 올 수 없습니다.

이 여인과 예수님의 대화를 통해서 말씀하시려는 목적이 있습니다.
전도의 목적은 예배로 이끄는 일입니다. 예배를 통해서 예수님을 만나게 해야 합니다. 그 사람의 문제를 해결해 주는 것이 예수님을 만나는 것이고 예수님을 만나는 길이 예배입니다.

예수님은 예배를 통해서 만나주십니다!

1. 예수님은 이 여인이 평소 예배를 사모하고 있었음을 알고 계셨습니다.

예배에 대한 궁금증은 이 여인 속에 예배를 사모하고 있다는 증거입니다. 이 예배에 대한 열정을 아시고 예수님께서 이 여인을 찾아오셨습니다.

2. 예수님께서 이 여인을 찾아오신 것은 이 여인에게 바른 예배자의 모습을 가르쳐 주셔서 온전한 예배자로 세우시기 위함입니다.

"하나님은 영이시니 예배하는 자가 영과 진리로 예배할지니라"(24절)

예수님은 예배의 갈증을 가진 이 여인의 심정을 아셨기에 바른 예배는 "영과 진리로" 드려야 함을 깨닫게 하셨습니다.

3. 전도는 바른 예배자로 세우는 일입니다.
바른 예배는 "영과 진리"로 드리는 예배입니다.

* 영과 진리는 무엇입니까?
진리 = 예수님입니다. 이 여자는 메시아를 사모하는 마음이 있었습니다. 예배자는 예수님을 사모해야 합니다.
영은 하나님을 기쁘시게 하려는 영적인 사모함입니다.
하나님을 기쁘시게 하려는 영성입니다.

* 전도는 예수님을 만나게 해 주는 일입니다. 예수님을 만나게 해 주려면 예배의 자리로 데리고 와야 됩니다.

- 전도는 예배의 자리로 데리고 와서 예수님을 만나게 하는 일입니다.
전도의 다섯 번째는 예배를 통해서 주님을 만나게 해야 합니다.

주님이 이 여자를 찾아온 것은 우연이 아닙니다!
이 여자가 영과 진리로 주님을 사모하는 그 사모함이 있었기 때문에 주님이 찾아가셨습니다.
전도는 예배에 데리고 와서 예수님 만나게 하는 것입니다!

청중 적용

사랑하는 여러분!
1. 문제를 가진 인생들은 문제 해결의 길을 찾습니다.
자신이 당면한 문제해결의 비결을 듣기 위해서 신을 찾습니다. 때로는 수단과 방법을 가리지 않습니다. 하지만 자신이 찾는 그 방법들은 한계가 있고 궁극적인 해결이 될 수 없음을 알았을 때 절망을 합니다. 이 절망을 가진 사람들 중에는 무모한 시도를 하는 자들도 적지 않습니다. 허무맹랑한 줄 알면서도 부적을 쓰거나 굿을 하기도 합니다.

왜 그럴까요? 진정한 문제해결의 길을 찾지 못했기 때문입니다.
지금 우리가 만나는 사람은 이런 사람들입니다. 자신의 문제를 해결할 길을 찾지 못해서 방황하는 자들입니다.

2. 인생문제 해결의 통로는 예수님이십니다!
예수님을 만나야 해결됩니다. 예수님을 만나게 해야 합니다.

 1) 예수님이 우리를 만나주시는 방법이 → 예배입니다.
 2) 예수님이 우리를 만나주시는 장소가 → 교회입니다.
 3) 예수님의 해결 음성이 → 설교입니다!
이것을 한꺼번에 주십시오!
이것이 예배를 통해서 이루어지고 있기 때문입니다.

* 우리가 사귀고 관계를 했던 자들을 예배로 초청하십시오!

1) 계획을 세우십시오. → 1차, 2차, 3차….
2) 예배를 통해 예수님을 만날 수 있도록 적극적으로 도우십시오.
   → 함께 예배하고,
   → 성경, 찬송도 함께 나누고
   → 예배에 대한 모든 것을 함께 해야 합니다.
3) 예수님을 만날 때까지 계속 해야 합니다.

3. 예배하는 전도자의 모습은 예수님의 모습입니다!

전도자의 모습만큼 새 신자가 닮아갑니다.

전도자의 모습이 무너지면 새신자의 모습도 무너집니다.

전도자에 대한 기대감이 무너지면 영적인 모든 것들이 무너질 수 있습니다.

청중 결단

바른 예배를 보여주십시오! 바른 예배를 통해서 어떻게 주님을 만날 수 있는지 보여주십시오!

바른 예배를 통하여 하나님을 만나게 하십시오!

1) 예배를 소중히 여기고 귀히 여겨야 합니다.
2) 시간을 지키고 바른 자세를 보여 주어야 합니다.
3) 예배를 방해하는 요소들을 제거하고 예배에 집중해야 합니다.
4) 예배를 통해서 예수님을 만나도록 아낌없는 헌신과 섬김을 다하십시오!

06
최고의 선물
요 4:25~26

 핵심 관점 | 내가 그다

예수님과 이 여인의 대화 중에 평소와 다른 예수님의 모습을 발견하게 됩니다. 그것은 예수님께서 자신이 누구신가를 노골적으로 말씀하셨기 때문입니다.

설교를 이끄는 관점

"네게 말하는 내가 그라"(26)

자신이 메시아임을 밝히시는 장소와 대상이 우리 생각과 너무 거리감이 있습니다. 우리는 어떤 생각을 합니까? 메시아, 이 분이 세상에 드러날 때 적어도 그럴 듯한 사람들, 이름 있는 사람들이 모여 있는 장소, 종교적 지도자들, 메시아를 소망하는 사람들에게 멋진 음악과 함께 메시아이심을 밝혀야 된다고 생각합니다.

그런데 예수님은 자신이 메시아이심을 드러내는 장소는 우물가였고, 자신이 메시아임을 드러내는 사람이 물을 기르러 온 초라한 여인이었습니다.

자신의 삶조차 제대로 가누지 못하는 그 여인에게 자신을 드러내시는 예수님의 모습은 어딘지 궁색해 보이지 않습니까?

이 여인의 입장에서 생각을 해봅시다.
귀찮지만 할 수 없어서 겨우 물을 길으러 왔는데 자신이 메시아라고 소개하는 예수님의 음성을 듣고 이 여인은 어떤 반응을 보였을까요? 당황스러움과 충격 그리고 사실일까? 이런 생각들이 교차했을 것입니다.

평소 예수님은 자신을 드러내지 않으셨고 일부러 감추셨는데 왜 이 여인에게 자신을 노골적으로 공개하신 것일까요?

하나님의 목적으로 해결

이유가 있습니다!
이 여인에게 자신을 드러내시는 것을 기뻐하셨기 때문입니다.

이 여인은 구원을 갈망했고 메시아를 사모했습니다. 하지만 어떻게 메시아를 만날 수 있는가를 알지 못했습니다. 그래서 예수님은 구원을 얻기 원하는 이 여인에게 자신이 메시아임을 선포하셨고 구원의 방법을 알려주셨습니다.

전도는 예수님을 선포하고 그 예수님을 통하여 구원에 이르도록 하는 일입니다!
→ 이것이 전도의 결실입니다.
→ 이것이 전도의 완성입니다.

1. 예수님은 이 여인에게 자신을 드러내심으로 이 여인이 예수님을 믿고 영접하도록 초청하셨습니다.
예수님이 이 여인에게 자신이 메시아임을 밝히신 것은 믿고 구원에 이르도록 초청하신 것입니다.

2. 예수님은 이 여인의 모든 문제를 해결해 주시려고 자신이 메시아임을 밝히셨습니다.
주님이 이 여자에게 직접적으로 자신을 드러내신 것은 이 여인의 모든 문제가 예수님을 통해서 해결될 수 있다는 확신을 주시려는 의도였습니다.
"내가 네 문제를 해결해 줄 거야, 내가 네 문제를 책임진다!"는 선포입니다.

3. 전도는 예수님을 영접하게 함으로 예수님을 통하여 영과 육의 모든 문제에서 구원을 얻게 하는 것입니다!
예수님과 접붙여 주는 것이 전도입니다!

- 예수님은 전도의 여섯 번째 단계에 와서 "내가 네 인생의 해결자"임을 보여주셨습니다. 우리도 예수님을 선포해서 인생의 문제를 해결 받고 구원에 이르도록 해야 합니다.

청중 적용

사랑하는 여러분!
지금 우리도 열심히 전도를 합니다. 우리가 하는 전도와 예수님이 하신 전도의 차이점이 무엇입니까? 우리가 하는 전도의 문제점은 없습니까?

1. 열심히 노력하지만 전도의 결실이 많지 않습니다. 이것이 우리의 현실적인 문제입니다.

1) 전도의 결실이란 무엇입니까?
　전도인들이 대상자를 일대일로 만나 일정기간 동안 교제하면서 복음을 제시하여 대상자가 구원의 확신을 갖게 하는 일입니다. 그리하여 스스로 예수님 안에서 문제를 해결해 가는 신앙의 인격체로 자리할 수 있도록 해야 합니다.
　⇒ 그런데 우리가 이 과정을 소홀히 하고 있습니다.
　어렵게 초청해서 예배의 자리까지 왔지만 많은 사람들이 제자리로 돌아갑니다. 이렇게 되면 전도자도 힘을 잃고 한 번 다녀간 사람들도 다시 교회에 걸음하는 일이 좀처럼 이루어지지 않습니다.

2) 얼마나 어렵게 데려왔습니까?

전도자들의 땀 흘리는 수고와 피나는 노력이 있었습니다. 그런데 결과가 이 지경이니 다시 전도하려는 의지가 약해집니다. 어떤 면에서 이 부분은 교회가 극복해야 할 중요한 문제입니다.

교인들 중에 이런 사람이 있습니다.

'정말로 힘들게 해서 데리고 왔는데 교회가 제대로 관리를 못하니 몇 번 출석하다가 교회를 안 나오더라, 나는 저 사람 데리고 오려고 밥 사주고 노력했는데…, 내가 다시는 데리고 오나 봐라!' 하며 시험에 들기도 합니다.

어떤 교인은 이런 말도 합니다.

"우리 목사님은 성도들에게 관심이 없어요! 누가 오든지 말든지…" 얼마나 목사님에 대한 실망이 컸는지 알 수 있습니다. "우리 목사님은 왔다 갔다 하는 것을 싫어해요! 그럴 바에야 나오지 말라고 해요!" 한 영혼이 교회에 나오지 않을 때 얼마나 안타까워하는지 교인들의 심정을 살펴야 합니다.

2. 예수님을 영접시키고 구원에 이르게 합니다.

이 일을 위해서 두 가지를 살펴야 합니다.

1) 교회 안에 있는 불신자에게 예수님을 영접할 수 있는 기회를 줘야 합니다.

오랜 기간 교회를 출석하지만 예수님을 영접하지 못한 자들에게 영접할 수 있는 기회를 주어야 합니다(교회 안에 불신자가 있습니까, 없습니까? 교회 안에 불신자가 꽤나 많이 있습니다).

2) 전도 대상들이 예수님을 영접할 수 있는 구체적인 기회를 주어야 합니다.

이를 위해서 예수님을 보여줄 자를 선정해서 교육해야 합니다. 일반사역자들이 이들에게 교육한다면 더 좋은 효과를 거둘 수 있습니다.

교회 안에 있는 불신자는 누구를 통해서 교육할 것인가?
처음 전도된 자들은 누구를 통해서 교육할 것인가?
이것을 분명히 하면 전도의 결실이 잘 이루어집니다.

청중 결단

전도의 결실은,
영접 → 구원의 확신 → 세례를 받아야 됩니다.

(예) 빌립집사
→ 에디오피아 내시에게 세례를 주었습니다.
세례를 주고 구원의 확신을 갖게 해야 합니다.

(예) 예수님은 수가성 여인에게 세례를 주었습니까 안 주었습니까? 예수님 자신이 세례입니다. 그 속에 예수님이 있는지 없는지 잘 압니다. 우리는 본인과 모든 사람들에게 증거를 남겨야 됩

니다. 그것이 세례입니다.

　전도의 결실은 예수님을 영접하고 구원의 확신을 갖고 세례를 받도록 하는 데 있습니다.
　어디까지가 전도입니까? 내가 데리고 온 영혼이 세례를 받는 거기까지가 전도입니다.

　목사님들이 초신자들을 교육하는 것을 초신자들은 굉장히 불편합니다. 마음을 여는 것이 힘들기 때문입니다. 교회 안에 있는 불신자들은 한번 정리를 해 주셔야 됩니다. 꼭 필요합니다. 교회가 영적인 분위기가 확 달라집니다.

　6번째 설교
⇒ 전도는 예수님을 영접시키고, 자기 스스로가 문제를 해결할 수 있도록 책임지는 것입니다.
　어디까지가 전도입니까?
　영접시키고, 구원의 확신을 갖고, 세례 받는 단계까지가 전도입니다.

07
물동이를 버려두고

요 4:27~30

 핵심 관점 | 물동이를 버려두고

지금부터 이루어지는 설교는 전도가 이루어지는 과정에서 나타나는 설교가 아니고 전도에 대한 촉구와 당위성 그리고 전도자들이 가져야 할 태도에 대한 설교입니다.

"전도란 무엇입니까? 어떻게 전도해야 합니까?"라는 대답은 "찾아가서 세례를 베푸는 것까지"라고 했습니다.

수가성 여인이 우물가에 온 이유는 물을 길어서 생활을 유지하기 위해서였습니다. 하루라도 물을 기르러 가지 않으면 어떤 문제가 생깁니까?

당장 식생활에 타격이 옵니다. 음식 조리, 물 마시기, 빨래하기 등 꼭 필요한 생활을 할 수 없어 문제가 발생합니다.

설교를 이끄는 관점

그런데 이 여인이 물동이를 버려두고 동네로 들어갑니다.

1. 어떻게 식생활을 유지한단 말입니까?

조금 문제를 크게 보면 어떤 면에서 집에서 이 여인이 물을 길어 오도록 다급하게 기다리는 사람이 있을 수 있습니다. 이런 경우 굉장히 심각한 결과가 올 수 있습니다.

2. 여자가 물동이를 버려두고 간 이유가 문제가 될 수 있습니다.

예수님 만난 것을 알리기 위해서 물동이를 버렸습니다. 몇 가지의 객관적인 시각이 생길 수 있습니다.

① 이 여자가 예수님께 빠졌다는 오해입니다.
② 예수님에 대한 광신적인 태도가 생활을 버리게 했다는 오해입니다.
③ 물동이를 들고 가도 되는데 꼭 버리면서까지 몰두할 이유가 있는가 하는 것입니다.

3. 예수님의 태도도 이상합니다.

이 여인이 물동이를 버려두고 가면 예수님이라도 챙겨주시면 됩니다. 하지만 예수님도 모른 척하고 계십니다!

성경이 이 여자가 물동이를 버려두고 갔다는 것을 강조하고 있습니다. 굳이 이 부분을 강조하는 그만한 이유가 있기 때문입니다.

하나님의 목적으로 해결

예수님은 이 여인이 물동이를 버려두고 간 사실을 주목하여 말씀하고 계십니다. 두 가지를 주목해야 합니다.

1. 전도는 어떤 일보다 우선입니다!
심지어 먹고 사는 일보다 우선입니다! 생명을 유지하는 것보다 우선입니다. 다른 사람이 나를 어떻게 생각하느냐보다 더 우선입니다.

전도는 자신에 대한 어떤 편견보다 우선입니다!
전도는 다른 사람이 나를 생각하는 편견을 뛰어넘어야 합니다.

전도는 다른 사람의 말과 생각을 뛰어넘어야 합니다.

2. 전도는 누구나 해야 합니다.
이 여자는 전도자의 요건으로서는 최악입니다. 그런데 주님은 이 여자가 물동이를 버려두고 간 사실을 주목하십니다. 전도는 누구나 해야 한다는 메시지입니다.

우물가에 물 길으러 온 이 여자의 모습을 상상해 보십시오!
* 남편, 자식을 먹여 살리는 가정주부의 모습이었습니다.
* 사람들로부터 외면과 멸시를 당하는 그늘진 여인의 모습이었습니다.
* 스스로에 대한 열등, 콤플렉스, 편견 등에 시달리는 스트레스

많은 모습이었습니다.

　* 인종적 차별과 멸시로 자신을 숨기려는 모습이었습니다.

　이런 여인이 전도자로서 적합하다고 생각합니까!
　그런데 예수님은 이런 여인도 물동이를 버려두고 전도자로 나섰다는 사실을 알리고 계십니다.

　어떤 상황에서도 전도는 쉴 수 없습니다! 이것이 물동이를 버려두고 가는 여인을 통하여 주시는 예수님의 전도 촉구입니다.

　적극적인 면에서 주님은 그 여자가 물동이를 버려두고 가시기를 원하셨습니다. 전도자는 따로 정해져 있지 않습니다. 전도의 때는 따로 장해져 있지 않습니다. 누구나, 어떤 상황에서도 전도해야 합니다.

　- 전도설교 여섯 편의 설교를 한 다음에 실제로 전도를 하도록 이 설교를 통해서 촉구를 하셔야 됩니다.

청중 적용

사랑하는 여러분!
하지만 우리는 물동이를 버리지 못합니다.

1. 우리는 우선순위가 다른 곳에 있기 때문입니다.

먹고 사는 일, 이것저것 당장하지 않으면 안 되는 일이 먼저라고 생각합니다. 그러므로 내 일이 먼저이며 필수고 전도는 필수사항이 아니라 해도 되고 안 하면 그만이라고 생각합니다.

1) 이런 생각도 합니다.
전도는 아무나 하는 것이 아니라는 생각입니다. 전도의 은사가 있거나 물동이를 버려도 될 만한 사람들이 해야 한다고 합니다. 그래서 자신은 대상이 아니라고 생각합니다.

2) 나는 물동이를 붙들어야 살 수 있다고 합니다.
(이 부분에 대해서 청중들은) 당연하게 생각합니다. 부담스럽지도 않습니다! 어떻게 얻은 물동이인데, 이것을 놓으면 죽는다고 합니다. 그래서 안간힘을 써서 놓지 않으려고 합니다.

3) "영혼을 살려봅시다!" 이렇게 말하면 꼭 내가 아니어도 누군가는 하겠지 하고 신경을 꺼버립니다. 청중들도 당위성이 없으면 안 움직입니다.

2. 전도는 누구나 해야 합니다!
수가성 여인도 전도했습니다. 그러므로 나도 전도해야 합니다.

1) 전도에 대한 편견을 버려야 합니다.
"나는 아닙니다. 나는 할 수 없습니다. 특별한 사람이 해야 합니다"라는 편견을 버려야 합니다.

2) 전도는 쉽습니다!

전도가 어렵다고 생각하는 사람은 전도를 안 해봐서 그렇습니다. 전도를 해 본 경험이 없는 사람만이 어렵다고 생각합니다.

3) 전도는 내가 만난 예수님을 그대로 알려주는 것이기에 쉽습니다.

전도가 어려운 것은 전도가 어떤 훈련이나 전도에 대한 어떤 은사를 가져야 된다고 생각하기 때문에 어렵게 생각합니다. 실제로 이 여인이 수가성에 가지고 간 것은 아무것도 없습니다. 오직 자기가 경험한 예수님만을 품고 갔습니다. 그리고 사람들에게 자기가 만난 예수님을 말했습니다.

이 여인의 고백입니다!

"내가 한 모든 일을 알고 있더라!"

"내가 만난 예수님을 너희도 만나 봐라!"

4) 결과를 주목해 보십시오!

이 여자가 데리고 왔습니까? 그들이 스스로 나왔습니까? 그들이 스스로 나왔습니다. 어떻게 이런 일이 가능했습니까? 이 여자의 표정을 생각해 보십시오. 예수님을 만난 이야기를 전달했을 때 이 여자의 태도는 어땠을까요? 확신, 기쁨, 진실, 열정, 간절함…. 이런 신앙적 결단이 있었습니다.

5) 이 여자에게 가장 어울리는 신앙적 결단 용어는 무엇일까요?

이 여자는 남편 5명이 있었습니다. 평소에 어떤 삶을 살았을까요? 우울하기도 하고, 그래서 남에게 자신을 잘 보여주지 않으려 했을 것입니다. 그런데 달라졌습니다. 어떻게 달라졌습니까?

아주 행복한 사람의 모습으로 자신을 드러냈습니다.

* 예수님을 전하고 예수님을 나누는 사람이 3분마다 한숨을 쉬고 2분 간격으로 절망하면서, 1분 간격으로 원망을 한다면 누가 나오겠습니까?
사마리아에서 그 순간 가장 행복한 사람은 이 여인입니다. '저 여자가 어떻게 달라졌지?' 궁금해서 나가지 않으면 안될 만큼 동기부여가 되었습니다.

청중 결단

나도 전도할 수 있습니다!
표정과 말이 변하면 전도할 수 있습니다!

여러분들을 자세히 알지 못하는 사람들은 여러분들을 평가하고 진단할 때 무엇을 가지고 할까요? 그것은 여러분의 표정과 말입니다. "저 사람은 어떻게 얼굴이 밝을까?" "너는 뭐가 그렇게 기분이 좋으냐?" 거꾸로 "너는 뭐가 그리 못 마땅하냐?" 이러면 전도가 안 됩니다.

사람들이 이 여인의 말을 듣고 예수님 앞에 나올 수 있는 동기부여가 된 것은 이 여자의 말과 표정이 달라졌기 때문입니다. 이 여자는 예수님을 말하는 데 주저하지 않습니다. 거침이 없습니다. 구원의 확신이 가득했기 때문입니다.

성도들이 전도하러 나갈 때 걸림돌은 무엇일까요?
교회도, 전도의 기술도, 전도의 방법도 아닙니다. 바로 나 자신입니다. 예수님을 만난 기쁨을 복음을 통해서 어떻게 드러내느냐가 관건입니다.

수가성 여인은 주님 나라에 갈 때까지 행복한 삶을 살았습니다. 이것이 전도입니다. 예수님을 믿고 행복하게 사는 것을 보여 주는 것이 전도입니다.

전도는 삶입니다!
복음적인 삶을 살지 않는 사람은 물동이에 따라서 표정이 달라집니다. 하지만 예수님 때문에 표정이 달라지면 그것이 복음적 삶입니다.

- 표정과 말이 변하면 누구든지 전도자가 될 수 있고 누구든지 전도할 수 있습니다. 그 사람을 통해서 수많은 사람을 전도할 수 있습니다. 이 설교는 전도를 왜 해야 되는지, 누가 해야 되는지를 말했습니다.

08
배고프신 예수님
요 4:31~38

핵심 관점 | 양식

예수님께서 이 여인과 대화를 이어가는 동안 제자들은 먹을 것을 구하러 동네로 들어갔습니다. 제자들은 먹을 것을 구하는 동안 무슨 생각을 했을까요? 아마도 예수님의 지치신 모습을 떠올리면서 한시라도 빨리 먹을 것을 구하여 예수님을 기쁘시게 하려고 서두르고 또 서둘렀습니다.

제자들이 양식을 구해서 돌아왔을 때 한 여인과 이야기를 나누는 예수님의 모습을 보았습니다. 하지만 아무도 예수님께 묻는 자가 없었습니다. 그리고 제자들은 자신이 구해 온 양식을 예수님께 드렸습니다.

설교를 이끄는 관점

그런데 예수님은 제자들이 힘들게 구해온 양식을 거절하십니다. 그리고 "나의 양식은 따로 있다!"고 하십니다. 이 얼마나 황당한 이야기입니까?

"누가 잡수실 것을 갖다 그렸는가"(33절)

제자들은 실망스러움을 감출 수 없었습니다.

* 자신들의 수고가 헛되었다는 것에 대한 실망감입니다.
* 자신의 수고를 외면하는 예수님에 대한 섭섭함입니다.
* 누가 예수님께 양식을 드렸을까? 아주 궁금했습니다. 자신들 말고 누가 예수님을 챙겼는가에 대한 제자들의 궁금증입니다.
* 자신들은 예수님께 드릴 양식을 구하느라고 수고하고 있었는데 그 사이에 예수님이 혼자서 양식을 드셨다니, 서운함입니다. "어떻게 이럴 수가 있느냐! 혼자서…."

그런데 제자들이 아무리 살펴보아도 양식을 드신 흔적이나 예수님의 표정에서 양식을 드신 모습을 찾을 수 없었기에 제자들은 더욱더 의구심을 감출 수 없었습니다. 예수님은 제자들의 이런 궁금증을 아셨습니다.

그래서 주님께서 제자들에게 "나의 양식"에 대한 말씀을 주셨습니다.

하나님의 목적으로 해결

34절에서 예수님께서 드신 양식이 무엇인가를 밝혀주셨습니다.
예수님이 드신 양식은 어떤 양식입니까?
예수님은 언제 배부르십니까?
예수님은 언제 만족하십니까?
예수님은 언제 기뻐하십니까?

아버지가 보내신 뜻이 이루어질 때 예수님은 배부르십니다. 만족을 하십니다. 바로 한 영혼이 예수님께로 돌아올 때 예수님은 배부르십니다.

* 전도는 예수님을 배부르게 하는 것입니다!
* 전도는 예수님을 가장 행복하게 해 드리는 최고의 선물입니다!
예수님은 전도가 이루어지는 모든 과정을 통해서 배부름과 만족을 느끼십니다.

예수님을 배부르게 하는 전도는 무엇입니까?

1. 씨를 뿌리는 자와 거두는 자 모두가 예수님을 배부르게 하는 전도자입니다.

전도가 이루어지는 전 과정이 예수님을 기쁘시게 합니다. 어떤 사람이 최초에 씨를 뿌렸으나 열매를 거두지 못했습니다. 그러나 어떤 사람은 나가서 열매를 거두었습니다. 사람들은 씨를 뿌리는 자를 전도자라고 생각하지 않습니다. 거두는 자만 전도자라고 생각합니다. 하나님은 씨를 뿌리는 자도 거두는 자도 전도자이기에 모두를 기뻐하십니다.

2. 전도는 밥 먹듯이 해야 된다는 강한 말씀입니다.

전도의 결과를 양식을 먹는 것과 비유하심은 반드시 전도해야 됨을 강조하신 것입니다. 양식을 먹지 않으면 살 수 없듯이 전도는 해도 되고 안 해도 되는 것이 아니라 반드시 해야 합니다. 예수님은 전도를 통하여 예수님의 기쁨이 계속되기를 원하십니다. 예수님이 배고프시지 않게 하기를 원하십니다.

3. 전도는 이 땅에서 예수님께 드리는 최고의 헌신입니다.

예수님을 가장 기쁘시게 하는 최고의 헌신은 전도입니다. 주님은 이 땅에서 전도의 헌신이 끊어지지 않기를 원하십니다.

청중 적용

사랑하는 여러분!
1. 우리는 전도에 대한 부담감이 아주 많습니다.

전도는 반드시 결실을 해야 된다는 부담감이 있습니다. 이것이 전도에 대한 불편한 진실입니다. 전도의 결과가 없을 때 교회도 전도자도 모두 힘이 빠지는 것이 현실입니다. 또한 반드시 결실해야 된다는 부담감도 전도 행위를 쉽게 하지 못하도록 가로막고 있습니다.

- 결실이 없을 때 전도자는 실망을 하게 됩니다. 좌절을 합니다. 전도 자체를 포기해 버립니다. 전도자는 결과에 대한 죄책감을 갖습니다. 심지어는 부담감으로 교회를 등지기도 합니다.
- 교회는 결실한 전도자에게만 관심을 둡니다. 결실한 자에게만 상급을 줍니다.

눈에 보이지 않는 전도 현장의 수고는 무시되고 있습니다.
이 부분 때문에 전도자의 사기가 많이 꺾이고 있습니다.

2. 예수님은 전도의 모든 과정을 보시고 기뻐하십니다.
전도의 모든 과정에는 상급이 있습니다.

1) 누군가 최초로 "A"라는 사람에게 복음의 씨를 뿌렸고 "A"가 20년 후 다른 장소, 다른 사람에게 결실했다면 예수님은 이 사람이 결실하도록 전도의 모든 과정에 참여한 자들을 통하여 기뻐하시며 그들 모두에게 즐거움에 참여하는 상급을 주십니다.

2) 성경은 "때를 얻든지 못 얻든지"라고 했습니다. 이는 결과에 너무 집착하지 말고 전도를 계속 해야 된다는 뜻입니다.

3) 뿌리는 자가 없이는 거두는 자도 없습니다!
하나님은 뿌리는 자와 거두는 자 모두를 사용하십니다. 만약에 뿌리는 자와 거두는 자의 상급이 다르다면 전도가 공평하지 않습니다. 뿌리는 자와 거두는 자의 상급은 동일합니다.

청중 결단

우리 교회와 나는 예수님께 어떤 양식을 얼마나 드렸습니까?
예수님께서 우리 교회를 통하여 배고픔을 느끼지는 않으실까요?
우리교회가 뿌리는 일과 거두는 일을 전혀 하지 못하고 전도를 쉬고 있다면 예수님은 우리 교회를 향하여 배고픔을 호소하고 계심을 기억해야 합니다.

예수님은 나를 향하여 배고픔을 호소하고 계십니다.
전도하지 않는 나에게 배고픔을 느끼고 계십니다.

- 예수님을 배부르게 해드립시다!
  예수님을 배부르게 해드리는 교회가 됩시다!
  예수님께 양식을 드리는 교회가 됩시다!
  예수님께 기쁨을 드리는 교회가 됩시다!

전도하는 일이 지속되는 일만으로도 주님은 행복해 하십니다.
전도가 지속적으로 이루어지는 교회는 결실이 되고 있습니다.
하나님은 그 교회에 누구라도 보내주고 계십니다.

전도행위를 전혀 하지 않았는데 교회가 부흥합니까? 불가능합니다.
실제로 전도를 하지 않는 교회는 있는 교인도 나갑니다. 주님이 배고픈 교회가 됩니다(이 설교가 청중들에게 전도에 대한 동기부여가 되고, 왜 전도를 해야 되는가에 대한 설교입니다).

목회하면서 깨달은 것 중 하나는 전도자는 하나님이 두 가지의 복을 주신다는 것입니다. 건강과 물질의 복을 주십니다. 전도자들치고 가난하고 배고픈 자가 없습니다.

전도자는 다 배부릅니다. 전도자는 다 풍족합니다.
목사는 전도자 아닙니까? 목사도 전도자입니다.
우리가 복음을 전하는 일을 하기 때문에 먹을 것을 주십니다.
복음을 잘 전하는 일만 잘 하면 배부르게 하십니다.

09
나를 위한 비밀창고
요 4:39~42

 핵심 관점 | 네 말로 인함이 아니니

　수가성 우물가를 시작으로 사마리아 성 전체에 복음의 물결이 임했습니다. 이런 결과가 있도록 수고한 공로자가 있다면 당연히 예수님을 만난 그 여인입니다. 수가성 여인의 수고와 땀 그리고 그의 열정이 있었기 때문입니다.

　냉정하게 말해 봅시다!
　예수님이 거기에 이틀을 유할 수 있도록 결정하게 된 것도 누구의 말 때문이었을까요? 당연히 수가성 여인의 예수님을 향한 부탁 때문입니다. 그런데 사마리아 사람들의 태도가 좀 이상합니다.

설교를 이끄는 관점

"이제 우리가 믿는 것은 네 말로 인함이 아니니"(42절)

사마리아 사람들의 태도가 달라졌습니다. 자세히 말하면 이 여인을 노골적으로 무시하는 말입니다!

"이제는 너 따위의 수고나 공로를 우리 알 바 아니다!", "더 이상 너하고 연관을 지어서 생각하기 싫다!" 이런 뜻일 수 있습니다. 좀 더 심하게 말하면 "이제는 더 이상 관계를 지속하지 말자!" 이렇게 들릴 수 있는 말입니다.

- 이 말은 이 여인에게 엄청난 상처를 주는 말입니다. 어쩌면 남편으로 인한 상처보다 더 큰 아픔을 느꼈을 것입니다. 얼마나 속상했을까요? 얼마나 야속했을까요? 좋은 결과를 주었는데도 돌아오는 것은 냉대와 상처뿐이니 얼마나 좌절을 느끼고 실망을 했겠습니다.

- 예수님께서는 사마리아인들의 이런 행동을 주목하고 계십니다. 주님은 이 부분을 노골적으로 소개하고 계십니다. 왜 이 부분을 우리에게 알리고 계실까요?

하나님의 목적으로 해결

이유가 있으십니다!

사마리아의 전도 결과는 이 여인이 주목받을만한 일입니다. 사람들의 칭찬과 격려를 받아도 마땅한 일입니다. 그로인하여 이 여인에 대한 모든 잘못된 생각들이 한 번에 씻겨나갈 수 있는 좋은 기회였습니다. 하지만 예수님은 이 여인이 사마리아인들의 냉대를 겪게 하셨습니다.

전도의 상급은 하나님께 받아야 하기 때문입니다!
전도자는 전도의 결과 때문에 필요 이상의 영광을 누려서는 안 되기 때문입니다. 만일 이 여인이 사마리아 사람들로부터 전도의 결과에 대한 칭찬과 영광을 누렸다면 이 여인의 상급은 이미 받은 것입니다. 예수님은 이 여인의 상급을 직접 주시기를 원하십니다. 그래서 사람들로부터 오는 칭찬과 기대를 무너뜨리셨습니다.

전도의 결과 이 땅에서 어떤 상으로도 채우지 말아야 합니다.
전도의 상은 하나님이 준비하신 상급으로 채워주시려는 것이 아버지의 심정입니다.

전도자는
1. 사람들로부터 오는 칭찬과 영광을 버리십시오!
전도의 결과 적당한 칭찬과 영광을 받는 것은 전도의 동기부여가 될 수 있습니다. 하지만 지나친 상과 영광을 누리는 것은 하늘의 상급을 잃는 일이 될 수 있습니다. 예수님은 이 여인에게 더 큰 상급을 주시려고 사람들로부터 오는 모든 영광을 막으셨습니다.

2. 기대감에서 오는 상처와 섭섭함을 극복해야 합니다.

기대했던 칭찬보다 섭섭한 말이 들려올 때 시험에 빠질 수 있습니다. 이때 조심해야 합니다. 다른 사람의 영혼을 구하고 자신은 실족할 수 있기 때문입니다.

전도자들은 시험하는 사탄의 소리에서 자유해야 더 큰 상급을 누릴 수 있습니다.

3. 하늘 상급을 기대하십시오!

신·구약 성경은 일관되게 전도자들에 대한 상급을 약속하고 있습니다. 하늘 상급이란 하나님이 주시는 현세와 내세에 약속된 축복입니다. 마가복음 10:29-30의 약속을 믿고 전도를 멈추지 마십시오!

(교회에서도 과도하게 칭찬하거나 상급을 주는 것은 안 하는 게 좋습니다).

청중 적용

사랑하는 여러분!
1. 전도자들에게 찾아오는 시험이 있습니다.

전도자들이 교회생활을 제대로 지속하지 못하는 경우가 종종 있습니다. 공명심을 버리지 못했기 때문입니다. 여기서 말하는 공명심의 정의는, 자신을 알아주지 않고 상응하는 대우 = 상을 주지 않는다는 것입니다.

- 이 사람들은 늘 자신들이 최고라고 여깁니다. 최고의 대우를

받아야 한다고 생각합니다.
- 이런 사람들은 교회에서 함부로 행동합니다. 자기가 많은 사람들을 전도했고, 자기가 교회 부흥에 일조했다고 생각하기 때문입니다.
- 그래서 자주 이 사람들의 말과 행동이 다른 사람에게 상처가 됩니다.

늘 입버릇처럼 이런 말을 합니다.
"내가 이 교회에 전도한 사람이 몇 명인지 아세요? 목사님, 내가 이 교회 부흥에 얼마나 기여했는지 아십니까? 어떻게 나에게 이럴 수 있습니까?"
자기가 최고이고, 최고의 대우를 받아야 된다고 생각하기 때문에 함부로 행동해도 된다고 생각합니다.

- 결과만을 내세우려는 공명심 때문입니다.
- 이런 사람들로 인하여 교회와 성도들 그리고 목회자들까지 아주 힘든 신앙생활을 하게 됩니다. 결국은 이런 분들이 교회를 등지는 경우도 적지 않습니다. 이 사람들이 교회마다 문제를 일으키고 다닙니다. 이 사람들이 가는 곳마다 문제를 달고 갑니다.

일을 안 하는 것이 아닙니다. 일을 열심히 합니다. 그런데도 늘 문제를 달고 다닙니다. "내가 어느 교회에서 얼마를 전도했다"는 이 문제를 해결하지 않으면 상급이 없습니다.

2. 예수님께서 주시는 상급을 기대하십시오!

사람이 주는 상과 비교할 수 없는 상급이 아버지께로부터 옵니다. 열심히 전도한 자들의 상급을 준비하셨습니다. 그런데 교회에서 전도의 결과를 가지고 문제를 일으키면 하나님이 준비하신 복을 하나씩 버리십니다.

1) 기대감을 버리십시오!
전도의 목적을 잃어버리면 세상적인 기대를 갖게 됩니다.
전도 ⇒ 예수님을 배부르게 하는 것이 목적입니다.
　　　　예수님을 기쁘시게 하는 것이 목적입니다.
이 목적을 잃어버렸기 때문에 내가 배부르고 내가 기뻐하려고 합니다.

2) 하나님이 주시는 상급으로 복 받으려는 이 믿음(pw)으로 전도하면 하나님이 반드시 기적을 주십니다.
- 현세에 건강과 물질의 복을 주시고 내세에는 하늘의 별처럼 빛나는 상급을 주십니다.
- 사람의 칭찬과 기대를 버리고 겸손한 자에게 반드시 복을 주십니다.

청중 결단

모든 영광을 하나님께!
모든 결과를 교회를 위해서!

요한복음 4장
설교를 정리를 해 봅시다!

1. 사마리아
2. 물
3. 생수
4. 남편
5. 예배
6. 내가 그니
7. 물동이를 버려두고
8. 양식
9. 네 말이 아니다

1~6번 ⇒ 전도의 모든 과정
7~9번 ⇒ 전도의 정의와 촉구